莱西经验之歌

中共莱西市委组织部
中共莱西市委宣传部
中共莱西市委『莱西经验』拓展研究中心

组　编

中国言实出版社

图书在版编目（CIP）数据

莱西经验之歌 / 中共莱西市委组织部，中共莱西市委宣传部，中共莱西市委"莱西经验"拓展研究中心组编.
-- 北京：中国言实出版社，2023.12
ISBN 978-7-5171-4673-5

Ⅰ.①莱… Ⅱ.①中… ②中… ③中… Ⅲ.①区域经济发展－经验－莱西 Ⅳ.①F127.524

中国国家版本馆CIP数据核字（2023）第210130号

莱西经验之歌

责任编辑：宫媛媛
责任校对：张国旗

出版发行：中国言实出版社
  地　　址：北京市朝阳区北苑路 180 号加利大厦 5 号楼 105 室
  邮　　编：100101
  编辑部：北京市海淀区花园路 6 号院 B 座 6 层
  邮　　编：100088
  电　　话：010-64924853（总编室）　010-64924716（发行部）
  网　　址：www.zgyscbs.cn　电子邮箱：zgyscbs@263.net

经　　销：新华书店
印　　刷：北京温林源印刷有限公司
版　　次：2024 年 1 月第 1 版　　2024 年 1 月第 1 次印刷
规　　格：710 毫米 × 1000 毫米　1/16　15.25 印张
字　　数：181 千字

定　　价：68.00 元
书　　号：ISBN 978-7-5171-4673-5

编委会

主　任：桂晓峰

副主任：孙永传　　崔福佐

主　编：宫泉激

编　者：吴维谦　　谢炳军　　李国庆　　崔展红

　　　　乔云波　　李温帅　　韩　雪

中 共 莱 西 市 委 组 织 部
中 共 莱 西 市 委 宣 传 部 组编
中共莱西市委"莱西经验"拓展研究中心

2013年11月28日，习近平总书记在山东考察时指出："发端于诸城的农业产业化经营、莱西的村级组织配套建设，在全国起到了很好的示范引领作用，希望山东增强进取意识，勇探新路。"

——题记

序 一

文 / 张成堂

我1985年底到莱西，1992年5月离开，担任中共莱西县委书记6年多。其间，我同县委一班人团结和带领全县人民，在上级党委、政府领导下，认真贯彻落实党的路线、方针、政策，狠抓两个文明建设，全县经济和社会事业取得了显著成就，工农业总产值、财政收入和农民人均纯收入分别增长了380%、107%和63%。

莱西农村从1982年开始实行土地家庭联产承包责任制，农业生产方式、经营方式和管理方式都发生了根本性的转变，这是生产关系的改变所决定了的。我到莱西的时候，农民生产积极性"集中迸发"的那个阶段已经过去，人们对土地和农业生产的热情逐渐变冷，一家一户的小生产与大市场极不相适应，各方面的矛盾集中暴露出来。农村基层党组织领导薄弱，部分村党支部班子处于瘫痪、半瘫痪状态，一些党员革命意志衰退，几乎混同于普通老百姓。资产阶级自由化思想波及农村，干部群众信仰缺失，思想迷茫，封建迷信抬头，社会治安混乱，贫富差距拉大，一些困难户、病灾户的生产生活陷入困境。转型的农村进入了十字路口，发展到了最关键时候。

农村和农业的发展方向怎么定、路子怎么走、生产怎么抓、社会怎么安、人心怎么稳等诸方面的问题都摆在了县委、县政府面前，必须正确对待，明确回答。这是既不能回避，也不容忽视的。

面对这种情况，县委经过一段时间的认真调查研究和客观现实分析，对众多的矛盾进行认真梳理，找出症结所在，提出了"抓基层、打基础、强化村级、工作到户"的工作理念。循着这个理念，经过不断实践、认识、再实践、再认识以至无穷的认识论的渐进过程，逐步总结，不断完善，进而形成了一个符合全县农村实际的比较系统、比较完整的"三配套"的发展路子，具体内容是"以党支部为核心，抓好村级组织配套建设、强化整体功能；以村民自治为基础，抓好民主政治配套建设，启动内在活力；以集体经济为依托，搞好配套服务，增强集体凝聚力"。

这条路子，旗帜鲜明地确立了党支部在农村基层组织中的核心领导地位，稳固了党的基层组织，使得农村工作有了方向，基层干部挺直了腰杆，农民群众有了主心骨，各方面的积极性得到了充分调动，农村工作得到了顺利开展。当时，在实行大包干责任制的广大农村，莱西的做法是具有普遍意义的，中共山东省委把"莱西经验"确定为农村改革的"三篇文章"之一在全省推广。与此同时，也引起了党中央的高度重视。

1990年8月5—10日，中组部、中央政研室、民政部、共青团中央、全国妇联等五部门在莱西召开了"全国村级组织建设工作座谈会"，各省、市、自治区党委及相关部门和单位的领导同志参加了会议。时任中共中央政治局常委宋平同志出席会议并作了重要讲话。会议安排我第一个发言，全面介绍了"莱西经验"。随后，与会人员又参观了8个基层组织建设的典型村庄，受到了广泛赞誉。

会议结束之后，莱西县委利用各种方式迅速对"莱西会议"精神进行认真传达贯彻，县委及时向全县提出"全国学莱西，莱西怎么办"的发问，随即作出了《村级配套建设的三年规划》，确立了"莱西经验"发展完善永远在路上的指导思想。

"莱西经验"的形成和"莱西会议"的召开到现在已经30多年了。30多年来，莱西市委、市政府领导莱西人民在改革开放的伟大实践中，努力发奋进取，开拓前进，不断深化拓展莱西经验，先后创出了"三结合""三三制""五化五机制""一统领三融合"的新的做法和新的经验，在习近平新时代中国特色社会主义思想指引下，推动着各项事业不断开创新的局面，一步一个脚印地走向未来。

为了全面贯彻落实党的二十大精神，莱西市委承先启后，继往开来，及时组织创作了这部全面而真实地反映"莱西经验"和"莱西会议"的《莱西经验之歌》，把"莱西经验"的深化拓展融汇到了贯彻落实党的二十大精神之中。这是一部史诗式的作品，选材精确，立意高远，具有充分的实践意义和深刻的理论意义，对于存史、资政、励人都是十分珍贵的。

《莱西经验之歌》的作者宫泉激同志是我在莱西期间的县政府办公室分管文字工作的副主任，为人诚实，办事扎实，说话老实，是一个敢于担当、勇于负责的干部。他一直生活和工作在莱西，经历过"莱西经验"的形成和"莱西会议"召开的全过程，对当地、当时的情况很熟悉，诗稿中所反映的都是那个历史时期的社会面貌和人民生产生活所发生的客观现实，这个作品从头到尾都反映了历史，也表现了他做人、做事、做文章的一贯品格。

用诗歌抒写"莱西经验"和"莱西会议"，是一种很好的文学样式，达到了积极的思想内容与完美的艺术形式的统一，我对此感到由衷的高兴。值此《莱西经验之歌》出版之际，我谨向勤劳淳朴的莱西人民致以深切的问候，向奋战在各条战线上的广大党员干部表示深切的慰问！

（作者为青岛市人大常委会原副主任、时任莱西县委书记）

序 二

文 / 丁瑞云

《莱西经验之歌》以5个部分20章4600余行的体量，记录了"莱西经验"的形成、"莱西会议"召开前前后后的演进过程，我作为这个过程的亲历者和参与者，读过之后颇有感慨。

"莱西经验"是在改革开放条件下为保证党的农村基层组织健全、党在农村领导地位稳固的重要举措，是莱西人民在改革开放伟大实践中的一个创举。读《莱西经验之歌》这用诗的语言对"莱西经验"的时代背景、形成过程、主要内容和"莱西会议"召开盛况的叙说，不禁使我又记起当年的岁月。

莱西是我的家乡，是生我养我的地方。自1980年7月至1997年9月，我先后在这里任乡党委副书记、书记，县委副书记、县长、市长和市委书记，直接参与了莱西以家庭联产承包责任制为主体的农村改革的全部实践及以党支部为核心的村级组织配套建设的整个过程。可能正是因为这个经历，我对诗中涉及的地名、提到的人物和叙说的故事倍感亲切。

《莱西经验之歌》从建党初期写起，一直到党的二十大胜利召开，时间跨度近百年，展开了宏大的历史场面，系统地阐述了"莱西经验"产生的土壤，构成的环境和人文、社会等诸方面不可或缺的元素，把"莱西经验"推向了历史的深度。"莱西经验"的核心是巩固党在农村的领导地位，本质是把党的领导从根本上贯彻到基层，在新的形势下使党的宗旨实实在在地落实到农村，把对农民群众的服务和负责真正具体到现实之中，成为基层党组织和广大党员的实际行动。

莱西是一方英雄的土地。一代一代繁衍生息着勤劳、淳朴、善良、勇敢的劳动人民。不论是在争取国家民族独立、人民翻身解放的战争年代，还是在社会主义建设、推进改革开放新的历史时期，人民群众总是坚定不移、义无反顾地跟着共产党，走社会主义的路。《莱西经验之歌》用朴实的语言，忠诚地谱写着莱西宏阔大地的壮丽篇章。读着诗稿，又让我想起了那些在历次革命战争中前仆后继、英勇牺牲的革命先烈，想起了20世纪50年代用独轮车推出胶东第一大水库的父老乡亲，想起了许多工作、生活在农村第一线的基层干部群众。

我和诗歌作者宫泉激同志是相识40余年的同事和朋友，同是1950年出生，属虎，一起生于斯长于斯的莱西人。他性格耿直、为人忠厚，学习勤奋、工作认真，具有很高的文字功底和文学素养。当初我在政府任职时他就是主管文字工作的副主任，许多重要文稿都是由他拟写、审定的。一些纪念地、风景名胜区都留有他的诗词文赋。宫泉激退休后也没有停下手中的笔，先后出版了两部诗集、三部散文集、一部报告文学和其他一些著作。他懂得文学的本质和创作的规律，始终坚持"二为"方向和"两创"思想，努力用手中的笔去创作为人民群众所喜闻乐见的作品。

《莱西经验之歌》是泉激同志接受莱西市委安排进行创作的。他用历史的胸襟、时代的目光和灵动的思维，以现实主义和浪漫主义相结合的艺术风格，把百年来发生在这方热土上的壮美史诗和新时代社会主义乡村建设的瑰丽画卷，生动地展现在了人们的面前，如滔滔沽水，奔腾不息，是一部饱含真情的力作。

"莱西经验"诞生三十几年来，一直随着新的实践深化着、完善着，家乡的经济社会也在日新月异地变化着、发展着。在习近平新时代中国特色社会主义思想指引和党的二十大精神鼓舞下，莱西人民一定会创造出更加美好的明天。

绿漫沽河畔，情醉归乡人。

（作者曾经担任过莱西市长、市委书记）

contents • 目录 ◀

黄河之水，
出于巴颜喀拉之山。
滚滚耶滔滔，
多么浩瀚。

泰山之风，
起乎孔孟之乡。
飒飒焉爽爽，
多么气派。

黄渤海的清浪，
偕黄河之水与泰山之风。
与大沽河的涛声，
源流一脉。

风清气润，
四季分明。

流淌于胶东的田园热土，
浇灌着鲜花盛开。

二十世纪八十年代，
那峥嵘的岁月，
莱西经验，
在人民的伟大实践中，
展现着改革开放最现实的豪迈。

各级领导热情鼓励亲切关怀，
总书记的指示让莱西人民心潮澎湃。
增强进取意识勇探新路，
一往无前继往开来。

"三配套"经验不断适应着新的变化，
英雄的土地时刻追赶着新的时代。
为人民日益增长的对美好生活的追求，
不忘初心砥砺奋进赓续红色血脉……

第一部分 历史的基调

第一部分 历史的基调

莫把伟大的思想只看着简朴，

这如同壮美的花朵开在英雄的土地。

这里有齐东的英雄传统，

有光辉灿烂而悠久的历史。

真善美蓬勃着天地正气。

英雄的土地繁衍生息着英雄的人民，

忠厚善良勤劳勇敢坚贞淳朴。

千千万万英雄的人民用汗水、鲜血和生命，

播种和收获生活也捍卫这英雄的土地。

任多么艰难险阻不挠不屈。

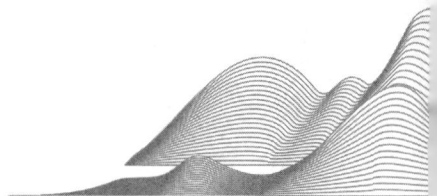

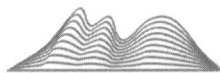

这英雄的土地哦，

人民爱得深切。

爱得执着，

爱得如痴如醉，

爱得不可侵犯不能割舍。

用生命去捍卫，

用鲜血去浇灌。

用汗水去耕耘，

团结奋斗进行伟大的实践。

为人民为初衷更为信念。

第一章　曙光 曙光

莱西古属莱子国，

延续着齐郡邹卢长广卢乡。

激扬着旌旗山的豪迈，

盛唐称昌阳后唐易为莱阳。

蓬勃着三沽平原的无比辉煌。

莱西与莱阳，

几度分分合合，

不变的，

是这一方英雄的土地，

中国共产党送来新纪元的曙光。

第一节　学子归来

五沽河北岸一个村庄叫双山，

双山村出了个李伯颜[①]。

他从小住在姥爷家，

上学读书就在保驾山，

考取的大学是暨南。

暨南大学的美丽校园，

在中共诞生之地上海滩。

伯颜在这里接受了新思想，

"五卅惨案"经受了重大考验。

青春年华得到实际锻炼。

一九二六年的那个春天，

党组织接受了李伯颜。

翌年发生"四·一二"政变，

蒋介石叛变了革命。

破坏中共组织挥刀向党员。

遵照中央和山东省委指示，

---

① 李伯颜，1927年12月主持建立了胶东较早的农村党支部，为胶东中共县委——莱阳县委书记。1928年5月26日被害牺牲。

李伯颜与孙耀臣①返回家园。

两个党员回到故乡发展党组织，

要让革命烈火燃遍莱阳县。

发动群众组织力量打倒旧政权。

第二节 姥爷的村庄

姥爷的村庄保驾山，

山虽然不高山上石头坚。

伯颜耀臣回到村子里，

就从农会会员里找骨干。

按要求标准考察发展新党员。

钢胆、热心、

沉着、慧敏，

照此选定了六个人，

秘密宣誓入党团结一条心。

从此跟党走立志为人民。

十二月成立村党支部，

---

① 孙耀臣，1928年3月与李伯颜一起建立了中共前保驾山党支部和莱阳县委，任宣传委员，同年被捕牺牲。

成为战斗堡垒披荆斩棘。

斗智斗勇抗捐抗税反军阀，

为的就是给乡里乡亲谋利益。

立党为公开新纪。

腊月已到傍年根，

官府里的便衣进了村。

派款派鞋派白面，

撂下话限期不交就捉人。

保长甲长挨家挨户催得紧。

党员进了百姓门，

告诉乡亲且拖且抗且放心。

暗地里派人报告耀臣参谋长，

他急忙忙从任职的队伍赶回村。

便衣队遭到呵斥再也不敢来扰民。

工作一步一步做深入，

对敌斗争绝不退缩和畏惧。

为人民的信念坚定丝毫不动摇，

任它刮完了腥风下血雨。

跟定共产党就一路走到底。

第三节 水口村的决议

县西南有了基层党组织，

再到东边打基础。

伯颜和耀臣趁着大正月，

过五龙上万第装着走亲戚。

水口村中接上了海秋认同志。

了解情况摸出准底细，

分析形势定下策略研究抓时机。

翻山越岭组织民众扩农会，

发展党员建立武装适时拉队伍。

让星星之火燃起了燎原势。

艳阳三月春风起，

刮进宋玉桂的茅屋里。

按照省委指示成立莱阳县委，

党员代表投票作选举。

李伯颜全票当选任书记。

耀臣为宣传委员共同研究新任务，

按照省委的部署举义旗。

用革命的武装夺政权，

建立莱阳苏维埃新政府。

为人民的福祉立根基。

第四节　胶东抗粮军

张宗昌[①]强卖军票敛财钱，

派工派粮又派捐。

荒年暴月百姓苦上更加苦，

如累累伤口又撒盐，

怒火燃烧敢怒不敢言。

县委根据形势作决定，

抓紧拉起队伍武力打城关。

民众情绪此刻就如同干柴草，

要用党的思想星火去点燃。

唤起民众千百万。

为扩大武装伯颜入虎穴，

羊儿庙争取了农民头领田益三[②]。

这里有五百余人一批枪，

---

① 张宗昌，国民党山东省督军，1925—1928年在任。

② 田益三，1928年6月率农民武装参入"胶东抗粮军"攻打莱阳县城，后被反动连庄会杀害。

另一支绿林表示到时也参战。

农会会员已经达到十数万。

浩浩荡荡的胶东抗粮军，

呼啦啦大旗迎风展。

五月廿六日小院村里开会议，

全面部署到时就揭竿。

分四路攻取县城夺政权。

第五节 英雄不死

时到半夜会已散，

党内叛徒赵百原①开了言。

谎称让总指挥留下商量事，

罪恶的黑手伸向英雄李伯颜。

把初露的曙光熄灭复黑暗。

异己安可辨，

暗箭何能防？

歹徒背后给伯颜勒带子，

---

① 赵百原，合谋杀害莱阳县委书记李伯颜的叛徒，新中国成立后在镇压反革命运动中被处决。

毒手下在了小河旁。

烈士双目不瞑对莱阳。

莱阳攻城已打响，

里应外合劫了监狱把人放。

没人知道总指挥已被害，

乌云迷雾罩曙光。

启明星惊起了黄渤海的浪。

耀臣奉命出走向西去，

革命活动转移到胶县和高密。

不幸被捕牺牲天怒人又怨，

历史无奈掩泪长太息。

只留下革命星火燃大地。

第六节　在血泊中站立

白色恐怖笼罩全莱阳，

搜捕共产党员意在都杀光。

国民党山东督军主席几度换，

一个比一个更猖狂。

党的活动只能暂入地下凭顽强。

一九三二年党派来了张静源①，

恢复莱阳县委发展新党员。

中心县委和胶东特委相继建立起，

组织领导胶东党员同心干。

重视建武装寻机杀敌除背叛。

莱阳全县设立中共三个区，

刘兰芳②刘坦③田绰永④领导西北域。

梁辑卿⑤王军光⑥沿着大沽搞活动，

宋桂生⑦宋云甲⑧宫兼三⑨战斗在万第。

---

① 张静源，曾任中共莱阳县委书记、海莱特支书记、胶东特委书记，1933年10月11日被叛徒徐元义杀害。

② 刘兰芳，曾任中共招莱特支委员、莱阳边区区委书记兼武装游击队指导员，1934年2月22日被叛徒出卖，被捕遇害。

③ 刘坦，曾任中共莱阳县委书记、胶东行署主任。新中国成立后历任华东工业部副部长、国家一机部党组成员、电器局局长等。1979年3月病逝。

④ 田绰永，曾任中共马连庄区委书记、西海地委组织部长、山东省生产部党委副书记。新中国成立后任山东省驻沪办事处主任、省物资厅副厅长。1985年12月去世。

⑤ 梁辑卿，曾任"民先"莱阳大队副大队长、中共昌潍中心县委书记、南海地委书记、东海地委书记兼军分区政委、济南警备区副政委兼政治部主任、华东军区直属政治部主任、27军政委。1977年去世。

⑥ 王军光，1937年回家乡建立莱阳县"民先"队，组织指挥花园头抗击日寇、组建大泽山游击队，在对敌斗争中被反动武装杀害。

⑦ 宋桂生，曾任中共莱阳中心县委委员，在发动工人起义时被捕牺牲。

⑧ 宋云甲，曾任中共莱阳中心县委武装委员、八路军指导员、莱东县委副书记兼组织部长，在执行任务时与敌遭遇壮烈牺牲。

⑨ 宫兼三，曾任莱阳中心县委东部区委委员，为建立我党领导的革命武装作出积极贡献。

活动区域远离县城便于发展和隐蔽。

莱阳中心县委成立了招莱特支部，
根据斗争需要两县的边区区委新设置。
活动以马连庄道头为中心，
形成特色被称之为"小苏区"。
打击敌人保护群众准确又及时。

有上级的统一领导和指挥，
基层组织迅速发展工作极认真。
党组织相继建立拉起武装游击队，
袭击羊郡盐局打进泊子连庄会。
如同寒冬腊月声声响春雷。

叛徒徐元义①暗里搞分裂，
另立山头企图让县委变颜色。
谋害了特委书记张静源，
丧心病狂作下滔天大罪恶。
随后被党组织派人除叛杀无赦。

① 1933年10月11日杀害胶东特委书记张静源的叛徒，后被我党锄奸人员处决。

第七节 扑不灭的火焰

"莱阳赤化"早就出了名，

是国民党山东统治的心头病。

三三年底韩复榘[①]派来县长梁秉琨[②]，

捕杀共产党人比疯狗还要疯。

成立"捕共队"带着叛徒做帮凶。

党的组织十之八九遭破坏，

共产党员革命群众多人被杀害。

地下党员洼子镇长刘兰芳英勇就义，

宁死不屈大义凛然英雄大气概。

前头的英勇倒下后面勇敢跟上来。

共产党员吓不倒也杀不完，

擦干血迹发誓血债要用血来还。

更隐蔽更机智更敏锐更勇敢，

打不倒的是精神，摧不垮的是信念。

顶天立地赤胆忠心都是英雄汉。

三四年县委再遭破坏工作陷停顿，

---

① 韩复榘，国民党山东省政府主席，1930年9月—1937年10月在任。

② 梁秉琨，国民党莱阳县长，1933年10月—1937年12月在任。

恢复组织上级八月派来李仲林[①]。

在曲格庄成立莱阳特支,

书记由苏继光[②]来担任。

宣传与组织委员是李研吾[③]和张进[④]。

恢复了基层组织发展党员一百多,

前仆后继的革命星火扑不灭。

为了人民大众翻身得解放,

革命者宁可用生命谱写血色的歌。

一直到天下红遍阳光耀炽烈。

英雄的土地,

诞生英雄的儿女。

创造着不朽的业绩。

---

① 李仲林,曾任共青团青岛市工委书记、中共日照中心县委书记。新中国成立后历任江苏省
练湖农场场长、农业厅副厅长,中共淮阴地委副书记、行署专员,江苏省委视察室视察员,
江苏省政协常委、江苏省水产厅顾问等。

② 苏继光,曾任中共莱阳特支书记、北海地委救国会会长、西海地委副书记兼组织部长、莱阳
县委书记、胶东军区第三军分区司令员兼政委。新中国成立后历任中共胶州地委书记、国家
建工部副部长、民政部副部长等。1993年12月26日去世。

③ 李研吾,曾任中共掖县县委书记、南海地委代理副书记、潍坊市委副书记等。新中国成立
后历任中共上海市沪南区委书记,上海市委监察委员会常委,天津市委常委、组织部长。
1987年去世。

④ 张进,又名高捷声,曾任中共莱阳特支组织委员。

第二章　驱寇烈火

国家民族大义从来都是天下第一，
国难当头以身许国才是大丈夫。
宁可鲜血染红大沽小沽五沽河的水，
也要把小鬼子的头砍得滚骨碌。
英雄儿女一腔浩气不畏死。

高举起抗击侵略者的大旗帜，
激扬莱阳西南乡英雄豪强的侠义。
党领导抗击敌寇的血性人民，
一个个铁汉都有不屈不挠的意志。
炮火连天出生入死前仆后继。

第一节 民先与九支队

中华民族解放先锋队简称民先，

成立于一九三六年的北京二月天。

是抗日的怒火激发了青春之火，

中国共产党领导推动了星火燎原。

在全国抗战的旗帜下脱下长衫。

大批青年学生纷纷回到家乡，

响应党的号召建立民先组织抗日武装。

一九三七年十二月莱阳民先队在孙受村成立，

英雄的足迹遍及绵长的大沽河畔。

一群年轻学子成为抗日的中坚。

大沽河平原是学子的故乡，

中共莱阳县委书记是孙受村的吴青光[1]。

民先队大队长是上疃梁辑卿，

一众领导紧急研究对策建武装。

真枪实弹给侵略者砍下脑袋开了膛。

---

[1] 吴青光，曾任中共莱阳县委书记、太行区委党校组织科长、营口市委书记、吉安地委组织部长。新中国成立后历任长江水利委员会人事处长、水利部劳动工资司司长、广西教育厅副厅长、广西教育学院副院长等。1982年8月去世。

一月份县委来到潴河边的村庄叫小院，

扩大会议研究抗日任务实现大转变。

决定建立县委领导下的抗日武装组织，

列入山东人民抗日救国军的编。

民先武装宣传队寻机灭寇除汉奸。

三百余人在河崖村宣布起义，

经批准建立了三军九大队。

按编制层层划分了营连排班，

庄国瑞[①]为大队长张咨明[②]为政委。

捕捉战机迅速行动果敢指挥。

发动群众组织人民保护老百姓，

打击敌寇敏捷持续又准又狠。

捕捉战机沉着应对就要致敌死，

神出鬼没不露声色斗智斗勇就靠谋略深。

趁夜间剪除通敌汉奸只用了两个人。

二月十九日日本军车从青岛去莱阳，

① 庄国瑞，曾任中共莱阳县委军事部长、山东人民抗日救国军第三军九大队大队长，1940年4月被国民党顽军赵保杀害。

② 张咨明，曾与庄国瑞等组织抗日武装宣传队，开展抗日锄奸活动。先后任山东人民抗日救国军九大队政委、八路军山东纵队五支队组织部秘书长、五旅十四团政委。1940年在与日军作战时壮烈牺牲。

沿烟青路北上进入了夏格庄。

国瑞咨明提前得到这消息，

组织战士与乡校官兵隐蔽大路旁。

将鬼子汉奸悉数逮住无漏网。

烧完了汽车把人填在枯井里，

又想到要防备日军来报复。

组织力量从各个方面准备好，

要让他们只有来路无回路。

就在五沽河边的渭田村南设埋伏。

第二节 渭田阻击战

五沽河自东往西流，

发源地是名副其实的大河头。

顺流而下落差大水流湍急在汛期。

冬春时节淡岚浓雾经常有。

莱阳即墨两县界河如同一鸿沟。

时间到了三月十六日，

日本军车气势汹汹临五沽。

已经侦知的民先早已有防备，

五沽河大桥百姓先拆除。

村南面集中了一应锐器御强敌。

日寇的头车率先栽河底，

噗噜噜活像就是病牛喘粗气。

四百余鬼子兵咿哩哇啦直叫唤，

火力隔河呼啸着直接飞过去。

敌群上空就像下起冰雹雨。

阻击力量是民众民先队员乡校兵，

汉阳造连射土枪频发土炮轰。

火药和砸碎的铁锅犁铧生铁块，

填装在枪炮膛里打出响连声。

日军多次进攻被击退未得一次逞。

第二天凌晨趁着大雾天，

日军的车载兵南岸又来犯。

这一次敌寇兵分两路欲偷袭，

又让我英勇军民打得人仰车也翻。

从早晨打到了日头落西边。

日本人攻进三个疃，

分几面团团包围到渭田。

军民武器落后敌强我弱暂撤离，

保存实力寻找时机再作战。

从长远计议消灭一点是一点。

阻击战炸毁日车两辆毙敌三十余，

鼓舞军民抗日之心铁石坚。

日本鬼子恼羞成怒凶狠又歹毒，

在三个村烧毁民宅八百余间杀人二十三。

记下这笔血债要以血来还。

英雄的村庄英雄的河，

英雄的人民抗战的意志坚如铁。

任它日本侵略者多凶残，

扑不灭人民心头的火。

此伏彼起一村更比一村烈。

第三节 花园头打鬼子

五沽河阻击激烈小沽战犹酣，

抗击日寇地接西东就在同一天。

从平度城东犯的日军欲渡小沽河，

中共莱阳县委提前布置作防范。

隔河的五里工事当作防卫线。

从青岛和平度来的日军都欲占莱阳，

没想到这里抵抗的力量这么强。

王军光提前赶回村子传达党指示，

发动群众依靠区长王子阳[①]。

请王葆忱[②]联系乡校派出兵丁共抵抗。

三百余日本兵乘车开在河对岸，

前头的刚下到河底就挨了土炮弹。

大雾里弄不清楚哪里响，

一时间步枪土枪喊杀连声响成片。

疯狂的敌人枪炮扫射河东面。

军民撤出阵地退入花园头村围子里，

重整旗鼓准备战斗对敌作反击。

莱阳县保安团也派了队伍来助阵，

编排成列同仇敌忾共抗敌。

誓与来犯的日军拼生死。

---

① 王子阳，中共莱阳九区区委书记、"民先"区队长，花园头打鬼子主要领导者之一。参加过抗日战争、解放战争和抗美援朝战争，获"二级独立自由勋章"和"二级解放勋章"。新中国成立后历任上海市委复查办副主任、市委纪委检查委筹备组副组长等。2007年1月8日去世。

② 王葆忱，花园头小学校长、联庄会长、国民党莱阳县党部执行委员、代理莱阳县教育科长，在花园头抗击日寇的作战中壮烈殉国。母亲、妻子也在与鬼子搏斗中遇难。

日本鬼子攻破围子进了村，

村民棍棒锹镢铡刀碌碡发了狠。

对着鬼子劈头盖脸砸砍劈，

杀得敌寇哭爹喊娘落魄又惊魂。

削去了脸面砍去了脑袋顿时没声音。

李德顺[1]土炸弹炸死鬼子一大群，

王海风[2]碌碡砸得鬼子头稀碎。

海屿[3]海岳[4]对着鬼子抡起大铡刀，

海康[5]夺过敌机枪突突了他们若干人。

军民协同把六十余鬼子送进了阎王门。

灭绝人性的鬼子发疯狂，

杀人放火无恶不作丧天良。

把海峰全家十一口烧死在地窖里，

葆忱慈母贤妻菜刀杀敌永留芳。

葆忱以身殉国山高日月长。

日寇不敢恋战一路西南往回逃，

就害怕再不逃走死得还要多。

---

[1][2][3][4][5] 李德顺、王海风、（王）海屿、（王）海岳、（王）海康，花园头村农民，在保卫
家乡与日寇作战中壮烈殉国。

逃回去自找台阶登报发哀叹：

"莱阳县目下难攻克，

老百姓厉害大大地不好惹。"

第四节 北上会师

一九三七年十二月二十四日，

理琪①等领导着在文登天福山举行起义。

山东抗日救国军第三军战旗飞扬，

党的各县武装作为三军大队陆续成立。

第二年五月集中黄县整编同会师。

九大队已有三个中队势力大，

神出鬼没抗击日伪奋勇把敌杀。

四月奉命出发去黄县，

一路上翻山越岭过境到栖霞。

同栖霞的抗日武装合成一大家。

会师整编开启了新征程，

九大队如虎添翼海上走蛟龙。

---

① 理琪，中共胶东临时特委书记，领导了天福山起义，建立了山东人民抗日救国军第三军，在雷神庙对日作战中壮烈牺牲。

战场上奋勇杀敌不畏死，

就是要让日伪顽军片甲也不剩。

打出一个朗朗乾坤立丰功。

咨明先后任科长秘书长团政委，

率八路军山东五支队十四团英勇破敌阵。

一九四〇年日寇"六一扫荡"到招远，

咨明率领干部战士出生入死血洒尽。

灵山与渤海同悲青松垂长泪。

按照党的指示国瑞到地方，

了解人文熟悉环境活动在家乡。

发动群众组织力量与日伪斗智勇，

扩充实力发展壮大建立地方新武装。

不幸被捕壮烈牺牲永生日月光。

组建莱阳民先队的县委书记吴青光，

第二年赴延安学习一路过太行。

根据需要留在太行山区党委当了研究员，

又随部队进东北直到全国都解放。

意气风发为国家建设献力量。

王子阳获独立自由和解放功勋章，

打鬼子打老蒋抗美援朝跨过了鸭绿江。

转到地方工作进入大上海，

在市级党政机关风高节又亮。

家乡人民无比自豪称榜样。

民先队领导人之一的崔子范[①]，

从战火纷飞的胶东抗日战场到延安。

在军政学院和高级党校学了军事学政治，

五年后回到南海行署任专员。

之后成为国画大师任职北京国画院。

民先和九支队上了抗日主战场，

直打到日本投降乖乖回东洋。

再转战为了中国全解放。

---

① 崔子范，"民先"队莱阳西南部领导者之一，曾任南海行署专员、北京医院政委、国务院城市建设部勘察测量局局长、北京国画院副院长等，著名国画大师。

第三章　翻身道情

中国共产党的根本宗旨是为人民，

全国人民要解放也要做主人。

得民心就要事事做在人民心坎上，

人民受压迫就要让人民得翻身。

打垮欺压人民的政权彻底除祸根。

这里本来就是抗日根据地，

解放区的天始终是晴空万里。

谁要侵犯就估摸一下自己能量有多大，

能量小了不要来蚍蜉撼大树。

为问来欲犯者生命能几次？

第一节 土地改革

土地是基本的生产资料，
不能再生也没有谁能制造。
千百年来土地都由地主官僚来把控，
凭此把持乡村政权施残暴。
共产党领导就要改了这世道。

土地是农民的命根子，
没有土地只能眼睁睁等饿死。
地主家土地不是出租就是雇长工，
自己养尊处优承吃坐穿享清福。
根据地为抗战实行过减租又减息。

农民对土地爱得深切，
一九四六年全县实行土地改革。
让人民群众从制度上得利益，
抽肥补瘦两头拉平就是大原则。
实行耕者有其田就在此一刻。

地主老财家进财是习惯，
土改分了他们的家产自然不情愿。
讲政策作动员明确利害还不作答应，

工作组和村干部依据法令强制办。
涉及土地房屋牲畜农具诸方面。

给地主富农家留下基本生活所需，
余者按等定级合理分给贫农下中农。
分得土地财产的农民如同在梦中，
现实地获得念念不忘感恩戴德在心中。
心里头铭刻了共产党的大恩情。

这是党领导人民求解放的胜利果实，
本也是地主阶级攫取的人民财富。
如今回到人民手中自然合情理，
解放区人民喜气洋洋扬眉又吐气。
牵牲口进好房在分到的地里安界石。

贫苦农民一夜之间不再贫，
远亲近邻看到这变化心里也欢欣。
喜讯传到解放战争最前线，
鼓舞了战场士气奋勇杀敌人。
冲锋陷阵夺取胜利报答众乡亲。

解放区的天是晴朗的天，
解放区的人民好喜欢。

唱起翻身道情感谢共产党，

壮大民兵队伍防止反攻的敌人来倒算。

有阶级斗争的存在睡觉也得睁只眼。

第二节 大参军

土地改革让农民分得了土地，

在共产党领导下安心种地过日子。

想不到蒋介石撕毁和平协定打内战，

掩护凶恶的还乡团要夺回这胜利果实。

火性的人民义愤填膺咽不下这口气。

有党撑腰人民就有天大的胆，

拼上性命也要保住这到手的田。

党领导人民打倒蒋介石解放全中国，

要干净彻底消灭"还乡团"。

有人出人有粮出粮有钱就出钱。

一九四七年二月动员大参军，

大会会场设在北部山区小台子村。

各区各村的干部都参加，

县委书记讲话动员句句道理深。

国民党打内战解放军需要增加人。

道理一级一级说明白，
说完解放区的好日子还得说土改。
说到反蒋保田保卫胜利果实，
分到手的东西就要坚决保下来。
就事说理入心入耳句句都实在。

动员会召开之后不几天，
各村庄很快报上了人数和名单。
全县自愿参军的青年三千还要多，
争先恐后踊跃报名整排整营连。
七尺男儿立誓保家又保田。

父送子妻送郎父子同入伍，
模范村模范户哥儿几个争着都要去。
胶东军区命名莱西南县一个"三教连"，
三教村的青年一天报名七十五。
雄赳赳地入伍列队神威出。

李伯颜烈士的故乡双山村，
一百多青年一齐要求去参军。
"双山连"的旗帜迎风飘扬，

连长张咸海[①]带领新兵先集训。

要让青年上前线个个勇敢也精神。

大参军热潮展现了人民的心，

民心所向推动历史洪流向前进。

滚滚洪流直接冲向蒋家王朝，

摧枯拉朽势不可当力量抵万钧。

人民的解放事业浩气壮天云。

第三节　踊跃支前

热血青年参军上前线，

家乡人民随后跟上去支前。

县里成立了支前指挥部，

设置了前线军需供应机构具体办。

接到指示紧急筹措质高也准点。

枪林弹雨阻不住担架上阵地，

抬着伤员去后方医院救治火样急。

道了声早日康复又赶忙往回赶，

---

① 张咸海，1947年大参军时任"双山连"连长，参加过淮海战役、渡江战役，复员后任村党支部委员、生产队长。2008年2月去世。

腰酸背痛汗流浃背顾不得洗去脸上的泥。

子弟兵流血咱流汗不怕多吃苦。

推着小车赶着马车来回跑，

送粮送菜送军火还送军马草。

战场上做饭用的柴火不能淋了雨，

给伙夫担子及时送上好食材让战士吃个饱。

军需大事一应俱全不误也不少。

跟随华野上前线立功获奖旗，

许多行程许多险恶许多大战役。

炮火连天杀声震地鼓荡着精气神，

管他是前有坦克后有汽车上面有飞机。

哪里需要哪里去只为得胜利。

跟着华野从胶东走到孟良崮，

支援了淮海战役又过长江去打总统府。

撇家舍业顾不得近和远，

打垮了蒋介石回去再种咱家里的地。

除掉了祸根安下心来消消这口气。

大老爷们出征去支前，

姑娘媳妇婆婆妈妈碾米又磨面。

圈里肥猪赶出去杀了切成肉，

再到一家一户收取鸡鸭蛋，

送到前线让战场的战士吃好饭。

做军鞋做军衣有单也有棉，

在家的妇救会不亚于花木兰。

下地搭帮手为参军战士家里代耕种，

登上门去问寒又问暖。

让他们无牵无挂戴着红花唱凯旋。

滴水之恩当作涌泉报，

何况是翻身解放的恩重比天高。

党号召到哪俺就行到哪，

发了誓任它财贝那丢弃头颅抛。

淳朴善良的人们就是这样知厚薄。

第四节 干部南下

中国共产党统领全国大棋局，

走上步的时候还要看下步。

步步为营稳打稳扎胜券握在手，

运筹帷幄掌握天下总趋势。

居高临下高瞻远瞩处处占先机。

参军支前搞生产事情有许多，
还同时要剿匪肃霸防敌特。
全凭着军队和地方干部来组织，
带领群众这样那样紧忙活。
武器弹药劳动工具一样不能缺。

蒋介石四七年"九月计划"重点犯胶东，
"胶东兵团"总指挥就是汉杰范司令。
我军大沽河潍河太平庄层层作狙击，
避其锋芒待机聚歼筹谋大行动。
蒋军气势汹汹外强中干看那一窝蜂。

地主"还乡团"尾随其后反攻又倒算，
一个月屠杀我干部群众近四千。
战场上奋勇驱蒋是英勇的子弟兵，
地方上组织力量消灭"还乡团"。
瞅准时机集中发力打它个稀巴烂。

华野东线兵团出其不意大反击，
十月初的几场战役彻彻底底成胜局。
十天时间歼敌三万五千人，
范汉杰[1]再次反扑照样是败绩。

---

[1] 范汉杰，国民党高级将领。1947年9月任国民党重点进攻胶东的总指挥，在辽沈战役中被俘。特赦后任全国政协文史资料研究会委员、全国政协常委。1976年1月16日去世。

蒋介石的美梦泥牛入海无消息。

十二月初在水沟头打了一场仗，
挡住国民党军队三个师八个旅妄图援莱阳。
六天六夜打得残酷鲜血染红潴河水，
直打到蒋军自诩坚不可摧的莱阳全解放。
一域之内又是艳阳高照乾坤朗。

子弟兵披着解放区的朝霞过长江，
要让红旗在大中国万里江山迎风扬。
解放区紧锣密鼓挑选一批好干部，
紧随着解放大军南下到地方。
胶东行署的干部也随军南下扛大梁。

子弟兵和南下干部立下汗马功，
抚慰百姓和平建设在各条战线称英雄。
改革开放新时期照样是好汉，
紧跟着时代步伐发展经济破浪乘东风。
也为家乡人民学习南方传真经。

新中国如初升艳阳照神州，
耕播新土地甘当孺子牛。
迎着朝阳大步向前走。

第四章　创业年代

新中国的朝阳照耀万里天，

共产党领导建设新家园。

自力更生艰苦奋斗拼上大力气，

医治那战争创伤谋求快发展。

壮志凌云不到长城非好汉。

不信这满目的疮痍结不出那丰硕的果，

不信还有登不上的高山过不了的河。

做新中国扬眉吐气第一代种田人，

吃大苦耐大劳咱们不做由谁做！

顶天立地开创出一片大农业。

第一节 组织起来

新中国最初的那几年，

农民一家一户还是搞单干。

怎奈是耕作条件一家一个样，

困难户耕种锄割动着哪样哪样难。

到头来只能咬牙忍痛卖了田。

根据地当年体恤民情推行互助组，

到如今不妨先就依样画葫芦。

实践中不断总结探索向前进，

新社会农业要的是日新月也异。

生产力发展呼唤着新的生产关系。

农业生产方式逐步向改善，

从初级社到高级社体制逐渐变。

大的生产资料都成为集体所有制，

社里统筹所有的农事都是一起做打算。

生产要素综合安排合理用资源。

新机具新品种新肥料实验再普及，

环节减少产量增加省工省力省投资。

家分户割的土地连成了一片片，

适合了引水灌溉集中作业开农机。

小社并成大社更是有优势。

五八年九月按区域成立人民公社，

三级所有队为基础新的体制新规模。

逐步推进逐步完善逐步成定式，

各级干部依据新规勤勤恳恳做工作。

生产队长安排社员下地去干活。

莱阳莱西几经分开再合并，

十月份新生的莱阳大县又形成。

合起来规模能量都是翻倍大，

扩大实力增加人力宜做大事情。

有力量搞建设干啥啥从容。

把改变农业基础条件放在第一位，

毕竟是能旱涝保收才是真实惠。

水利是农业命脉是名言也是真理，

抓住重点建造工程掌控主客水。

要灌则灌想排就排让那龙王听调配。

总体的规划建设要有好指挥，

长河截流山间围堰用力用智慧。

争朝夕就是要向老天要时间，

大干快上就是干得年头接年尾。

为的是农业丰收山川更壮美。

第二节 水利建设

胶东母亲河之水奔腾汹涌，

从北部山区一路南向黄海走蛟龙。

大沽河温顺时滋润大地就像小绵羊，

暴怒时如脱缰野马直撞又横冲。

乐大沽苦大沽历代人铭记在心中。

省勘测设计院完成了规划，

从产芝村往东建造五华里拦河坝。

一应的施工图纸齐批复，

但等到秋收结束立即就上马。

两县合并正是人多力量大。

全县集中到产芝水库工地大会战，

参战的推着小车带着锨镐背着铺盖卷。

远远近近男男女女都是壮劳力，

工地上最多时干活的民工近四万。

上工下工披星戴月两头摸黑天。

挖土夯实无机械全部靠人工，
清坝基排渗水赤脚下水踏着冰。
搬土运石筐抬车推人力拉，
头疼脑热皮伤血流照干声不吭。
营连排竞赛打擂争先创优旗帜红。

住民房睡地铺房子不够搭草棚，
一日三餐地瓜干窝头咸菜梗。
半个月改善一次生活每人一馒头，
炖白菜加点肉片片漂点油星星。
也觉得生活正常干群平等人不争。

库区面积五十六平方公里成方圆，
四十一个村庄人口过两万。
整一个李格庄公社的区域还加外公社，
生生地移民到别处重建新家园。
故土难离的往事记忆在库区移民馆。

第二年九月水库大坝与溢洪道都告竣，
总库容四亿余立方传遍胶东成为大喜讯。
控制流域面积九百余平方公里，

东西干渠形成四个灌区惠及四百多个村。

兴利除弊功德无量风范耀古今。

此前此后十余年，

中型和小型水库塘坝陆续建。

高格庄和北墅水库分别截流潴河小沽河，

兴利去弊河水库水纷纷听调遣。

宜建则建的小微工程星罗棋布遍全县。

第三节 洼区治理

姜山大洼的最低处海拔三点三五米，

四围的水流三面集中到这里。

豨养古泽留名于世数千年，

秦始皇东巡筑台望仙曾在此驻跸。

也不知为当地人带来了什么利？

建堤湾滞洪区是治洼的大步骤，

把远来的洪水围起来不让四处流。

疏浚排水系统畅通了五沽河，

大水制服再对小水治理作运筹。

彻底解决了水淹内涝才能保丰收。

县里和地区都成立了洼改指挥部，

分管领导组织班子进驻在洼区。

综合施策科学治理多方力量一齐上，

昼夜白黑人车劳顿通然豁上去。

咱庄稼人不缺的唯独是力气。

挖沟抬田是治理淫涝的好办法，

地沟一米半到两米宽都用铁锨挖。

把涝洼治好了就是为儿孙攒下了福，

让涝洼地粮油丰收水里满鱼虾。

现如今苦点累点还能图个啥？

治住了涝还要治盐碱，

土翻沙压不过是一方面。

农技人员提出建议放水冲，

产芝水库东西干渠调水立马就参战。

双龙出海奔赴洼乡去浇灌。

治盐碱种水稻一举两得利，

万古的百里大洼创出新奇迹。

来了机具来了水牛来了南方技术员，

从此就有了大洼稻香飘万里。

国内外的记者上天拍照坐飞机。

适合洼区生长的作物引来了，

大面积种植是红麻和泽泻。

红麻织麻袋泽泻作药材，

粮食丰收经济效益双双上高坡。

大洼治理初见成效结出丰硕的果。

千百年来淫涝的洼地好些作物不能种，

譬如说怕涝的芝麻谷子还有落花生。

吃油靠种"气死洼"豆子拿到油坊打出油，

常因为涝死了谷子吃碗米饭都落空。

根除内涝和盐碱种上什么什么丰。

第四节　旱薄地开发

旱薄地大多都在北半县，

南半县岭岗子也同是这一般。

砂石多土层薄零零星星难耕种，

保水保肥性能差怕涝又怕旱。

科学开发提高效益一刻不容缓。

重要的是要改良土壤加厚熟土层，

号召全县学大寨里面有真经。

战天斗地开辟战场年年规划新战区，

大镢铁锹洋镐手推车偶有机声隆。

男子垫肩妇女围巾共擎红旗舞寒冬。

一治一面坡一治一道岭哪顾得朔风吼，

顶风冒雪大干苦干直到腊月二十九。

手磨成铁板子眼熬成蜡碗子，

这不是口号事实真正有。

"战山河青年突击队"一年干到头。

都是二十上下的青年男女，

一个个就像生长着钢筋铁骨。

集体起灶每月六元钱生活补贴，

天天去劈岭造田开山修路挖水渠。

休息时间还经常排练演节目。

地县社村各有规划布局每块地，

整平也好梯田也好土层都得过一尺。

巡回检查插杆子量到硬底层，

走到哪里查到哪里标准都一致。

整的地要求暄似海绵平如砥。

吃苦耐劳就在那艰难的岁月，

累的时候实在是腿瘫胳膊斜。

抻抻筋骨第二天还要下地干，

工程不结束人也不停歇。

人的意志如钢也如铁。

旱薄地改造成了丰产田，

分分厘厘都有手上老茧身上的汗。

山水田林路统一改造那米粮川。

再加上技术良种收获了欢笑的脸。

小麦玉米花生大豆和杂粮，

苹果大梨葡萄板栗山楂秋海棠。

白菜萝卜大葱黄瓜茄子山药西红柿，

棚里的鸡鸭鹅栏里的牛马羊……

都是这脚下的土地产出供给城与乡。

前人种树后人乘凉，

坐下来放开脑筋细思量。

干事业就要靠开创。

第二部分 大地的旋律

第二部分　大地的旋律

一千五百六十八平方公里的大地哦，
浩荡着北温带半湿润的季风，
和风细雨与朔风大雪，
时来时去时落时停。
年复一年日复一日漫卷着阴阳五行。

南部洼地中部平原北部丘陵，
六十一条河道随时节流水淙淙；
看胶东半岛地图上的标注，
通向四面八方的阡陌在境内纵横。
比五线谱还流畅驰骋着陆海空。

连片成方的沃土是那样肥美，
源源产出着六畜兴旺五谷丰登。
奶肉禽蛋粮油果菜河鲜湖珍，

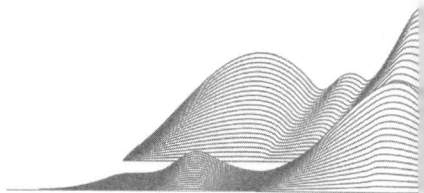

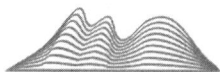

优质精品都有那地理标志足以证明。

食安誉美到了城乡餐桌利惠民生。

勤劳的人民淳朴善良文明，

五千年家国五千年宗祖五千年薪火传承。

祖祖辈辈耕种着这片热土，

私有制互助合作人民公社都是曾经。

而今一律是联产承包家庭经营。

改天换地的历史变革，

生产方式一夜之间完全转型。

不认识不理解不适应能有多少？

基层组织基层干部还有人民群众。

不可避免又一次凤凰涅槃浴火重生。

第五章 人民之声

进入新的历史机遇期，

山不转水转还是那方土。

春种秋收就那么转去又转来，

日出而作日入而息都种的是这里。

一年到头辛辛苦苦就为衣丰食也足。

相依为命赖以生存的土地，

一头系着市场一头系着自己。

虽说是家庭经营却此一时不是那一时，

遇到困难共产党就会作考虑。

有党护佑任何时候运转都自如。

一九八二年莱西县试点大包干，

一个公社一个村先看效果后普遍。

秋后看了试点村庄个个收成好，

到年底决定推广到全县。

趁着初冬未封冻土地分配到社员。

生产队会计拨拉着算盘算地亩，

按人按户平均分配把阄拈。

好地孬地白地麦苗写了不同的阄，

不偏不向公公道道谁也没意见。

一家家从今往后自过日子自打算。

转眼到了第二年，

麦收后就开始吃白面。

到秋天小囤子流了大囤子满，

腰包里鼓囊囊地有了钱。

精神头高腰板子硬脸上也好看。

南集赶了北集赶从农贸市场到商店，

生活用品一个劲儿往家搬。

买衣买裤买食品又买"三转"和"两响"，

大户人家还买了好几样大家电。

看着顺眼用着舒心也为自己争脸面。

粮王油王果王菜王各种王，

万元户双千田一个一个冒了尖。

乡里夸县里奖大红的绶带肩头挂，

大会小会作报告致富的经验到处传。

三里五村亲戚朋友当作资本炫。

学种田技术成了风，

优良种苗远近购买不怕花大钱。

农技员一个个成了香饽饽，

农机具一件件代替耕牛下了田。

富裕户干着今年想明年。

嫁闺女，娶新娘，

拆了茅草屋建了新瓦房。

一应的家具时新的款，

老土炕打了换上城里人那样的床。

富先富后富多富少不是都一样。

仓廪实而知礼节，

传统的节日争着过，

寻亲续谱远也香。

红事白事循着旧俗大操办，

较劲攀比个个讲排场。

第六章　实践之行

实践出真知，

是颠扑不破的真理。

莱西经验的产生，

就是因为变革了"梨子"。

各级干部一边品味一边吃。

发现问题就要看实际，

调查研究细解剖还要加分析。

把人民的诉求和创造装进脑袋想仔细，

对现实存在认真规整和梳理。

找出有效办法认真解决新问题。

第一节　调查研究

没有调查就没有发言权，

真理的作用如江河之水永远也不干。

层层叠叠方方面面搞调查，

将存在的问题症结找准把握全。

按照实际情况认真作决断。

沉下去面对现实，

听民声体察民意。

各部门抽调了得力干部，

几个工作组分头都到乡下去。

进村入户一根竿子插到底。

冬春季节趁农闲，

数九隆冬任它风雪天。

自行车顶着北风走，

自带行李睡土炕住在茅屋间。

付了钱和粮票都在农家吃派饭。

办公室连着农家院，

热炕头上坐得面对面。

村干部加上老党员，

还有妇女主任共青团。

新年春节大正月里开座谈。

蒸了馒头煮鸡蛋，

肉馅饺子还有打卤面。

老百姓就是当年的老房东，

调查人如同当年八路军的那些宝贝蛋。

跟调查人员拉着家常说心愿。

掏心掏肺掏家底，

心里口里吐真言。

守着真人不说假话不隔口，

哭过笑过都盼着能够种好田。

大包干原本就为了温饱暖。

边调查研究边发现，

从前到后连着看。

真方实法边说边看边分辨，

可圈可点可赞叹。

沉下心再向深处接着谈。

新点子好做法，

随圈随点随即就转化。

县委、县政府两个办公室的新简报，

载着调研成果一层一层往下传。

让各个乡镇村庄都借鉴。

第二节 县级领导

建制随区划依旧成方圆，

南面是洼地北面是山，

中间是潴沽冲积大平原，

粮丰林茂百业兴旺出特产。

当务之急是农村管理要开创新局面。

县委书记张成堂[①]，

全县的大局心里装，

座谈会上听取各种新意见，

深下去调查研究走四方。

实地考察看现场。

春看播种夏看管，

---

① 张成堂，曾任中共莱西县委书记，青岛市人大常委会副主任、市总工会主席。在莱西工作期间，带领全县人民群众创造了以"三配套"为主要内容的"莱西经验"，在中央五部委联合召开的"莱西会议"上作了重点发言。

秋看收成总结典型看冒尖。

农村生产方式已改变，

领导方式必须随即跟着转。

尽快告别那些旧的方法老观念。

一个乡镇一片天，

分区布阵就像大决战。

五大班子领导分兵把口作指挥，

元帅升帐就在基层扎营盘。

实打实地现场抓示范。

队伍强弱看绩效，

冲锋陷阵要有好领班。

落伍掉队该罢免的就罢免，

考核奖惩都是真枪实弹抓兑现。

让平庸懒惰的太平官心里脸上冒冒汗。

分析典型看内涵，

培养干部抓关键。

好苗子早早发现早培养，

安排派到改革开放第一线。

到苦累险重的工作里头去锻炼。

两级党校举办长短班，

冬训夏训县和乡镇紧相连。

形势教育思想教育连成一条线，

就坚持一个中心两个基本点。

好干部好班子撑起改革开放一片天。

党员打先锋干部作榜样，

战斗堡垒中流砥柱搏风又击浪。

抓好基层打牢基础，

强化村级工作到户不走样，

措施到位力量才能强。

第三节 思想教育

千重要，万重要，

农民的教育最重要。

四项基本原则春常在，

"三观"正确一定要做到。

两手抓两手都要硬才有新风貌。

农家里一心一意奔富路，

操心劳力日出而作日入息。

奈何那可恶的社会治安不争气，

不时出现妖魔唱歌鬼跳舞。

善良人们大气一口都不敢出。

半夜里门前草垛又起火，

林网林带一夜之间没了树。

东家的媳妇信了邪教不顾家，

西家的丈夫彻夜赌钱不归宿。

不知是为什么如此有天没有理。

狠刹"四风"架起当头炮，

让违法犯罪分子无处逃。

政令既出县乡村协力齐行动，

公检法司环环紧扣见成效。

百姓心里盼春风春风就来到。

正反典型都要抓，

评出这五好那五好让人尊重受人夸。

对违法犯罪警示判刑大震慑，

邪恶之徒个个都害怕。

坏名声带累了亲戚朋友和全家。

村规民约由村民讨论村民定，

定下了就板上钉钉全村都执行。

印在纸上贴在墙上发到户，

大纲细目写得都很清。

互相监督哪个也不敢不文明。

评选先进树典型，

评上的人人都尊敬，

乡里乡亲感觉也光荣。

先进了也要经常找不足，

百尺竿头总归一节一节往上登。

村风正，家风扬，

学村学户学榜样。

先进的致富路上不自满，

庄邻爷们诚心诚意传带帮，

带出个全家阖瞳都风光。

第四节　再到实践中

从实践中来再到实践中去，

循环往复到无穷。

发现典型培养总结和推广，

无声的感召全局能推动。

量变质变都是有过程。

党为人民党管党都要靠党员，

有党做主人民有靠山。

干部作风与形势发展逐步相适应，

心里底手中招各自有主见。

唯精唯准务实求真要出高分卷。

党员联系户，

开花结果在一个沿河的村庄，

直接的利益都给了包帮户。

有的党员想不开心里不敞亮，

书记说想想党的宗旨村民的期望。

全国劳模王顺寿①，

矮个子，红脸庞，

领导村集体种养加工一齐上。

老支书一生奉献为人民，

鞠躬尽瘁留芬芳。

---

① 王顺寿，先后任后庄村初、高级农业生产合作社副社长，村（大队）党支部副书记、书记、
县委委员，省人大代表，全国劳动模范。

六十马力百亩地，

水利设施农业机械配套齐。

集体把资金用在当紧处，

为农业的种管脱运服好务。

这村子一家一户省了事。

承包土地没有多少亩，

种着不够剩余许多好劳力，

一个村为村民拓开致富新门路。

四年办起了四个厂，

让富余劳力进厂务工增收入。

村庄建学校，

资金不足怎么办？

交给村民去讨论，

村民说：咱们就一家一户凑上点。

民主政治翻开了新一篇。

各样典型大集中，

一个个推广学习都是围着百姓转。

人民爱党看了当前看长远。

第七章　经验之观

人民领袖真英明，

核心力量早已定。

决不动摇决不彷徨，

决不能丢了根本随了风。

基本原则百年千年不能动。

形势变了不能心发蒙，

不能让歪门邪道成了型。

固本强基抓具体，

抓了具体才会有保证。

入心入脑入眼明。

第一节 村委会组织法试点

基层群众自治有组织，

选举决策管理监督都民主。

《村委会组织法》确定了性质和作用，

上级政府给予指导和帮助。

从今后有了法律作保护。

先作试点后颁发，

这路子走得上好佳。

民政部门具体抓落实，

莱西作为试点县率先实施早传达。

全县党政重视各级一齐抓。

先抓典型再推广稳健迈步伐，

条条款款讲讲清楚给大家。

让所有的村民都明白，

村里的事要由村民来说话。

还权于民就是民为大。

旧社会把百姓当草民，

提意见不打不杀就是开皇恩。

新中国人民当家作了主，

只立下那么多细条文。

这一次更是可触可感又可亲。

电灯底下作讨论，

七嘴八舌说得全是劲。

决定事情不再是一言堂，

民主决策还要民用心，

定下了就要落实抓认真。

这个说，既然让我说了算，

不合我意我甩袖就走人。

那个说，走了就是你弃权，

多数同意了照样作结论。

到时候你不认账也得认。

村民选举的村干部，

办村里的事齐心又协力。

村务公开随时有监督，

特殊困难的村民就要靠帮扶。

治穷致富都要同走一条路。

村民自治党领导，

有党掌舵民主才能走正道。

支委村委建设相得益彰成一体，

群团组织各项活动一个调。

大风大浪抗干扰。

第二节 社会化服务

农业服务利益最直接，

这里头有你有他也有我。

服务组织办实事，

只有实事才看得见也摸得着。

又帮又带又联合。

全县的土地情况各不同，

相同的是收了还要种。

收时候要脱又要运，

种时候要有技术和良种。

有了需要就得及时作因应。

大田收了粮油大棚出了菜，

岭上摘了干鲜果品栏里出了肉蛋奶，

服务组织带着样品外出去推销，

还把贩运的客商引进来。

产销两旺要让家家户户都发财。

多方集资多头经营建市场，
加工储运还有冷冻和冷藏。
集约经营多次增值利润就像滚雪球，
越滚越大越来越富轮着番儿长。
农家的日子越过越兴旺。

谁家里有病有灾有祸患，
全村都帮着渡难关。
凑钱凑物还去帮人手，
多方面都为事主保平安，
让每一家都信心满满向前看。

组织起来力量强，
周到扎实认真负责真周详。
什么时候需要什么时候就把服务送上门，
不辞辛苦不怕麻烦任它夏热冬寒凉，
感人的事儿一桩又一桩。

思路明确办法多，
组织健全各负各的责。
工作到家服务到位，

不留死角不蹉跎，

党心和民意都符合。

党支部说，关心要关到每个人，

村委说，当选了办事都要顺民心。

党与人民在一起，

所做的事情都是服务为人民，

人民与党永远都是一条心。

第三节　中央派人来

莱西的试点做法和路数，

一级一级报上去，

一直到了国家民政部。

部领导觉得还真挺可以，

派了人来进行考察看看实不实。

树上的喜鹊唱高枝，

国家派来"莱西经验"考察组。

清一色专家学者和高知，

心里装着全国一盘棋，

把握着"三农"的局部和全局。

看材料就感觉做法好，

困扰农村的症结欲破题。

进了莱西立即到现场，

连日来考察访问提问题，

街头巷尾田间地头明察暗访不停息。

与干部群众亲切交谈问周详，

上上下下都是实话实说不装腔。

遇上个刺儿头不说正经话，

不过是百里一个不算不正常，

看事情要看本质大方向。

听县委书记和县长全面讲，

与乡村干部交流谈感想。

几次去找民政局局长叶喜祥①，

让他说说试点过程究竟怎么样？

说的事都是吹糠见米——响当当。

考察记录记的都是实情况，

研讨的来龙去脉都明朗，

厘清思路作出结论布局框架作提纲，

---

① 叶喜祥，曾任莱西县水集镇等3个乡镇的党委书记、县民政局局长。1988年6月开始重点抓
《村民委员会组织法（试行）》试点工作，为"莱西经验"的形成、发展作出重要贡献。

为"三农"转轨变型明明白白指方向。

记录着人民创造历史的实在账。

夜深不觉又曙光，

笔底云霞迎着旭日到桌旁。

修改抄写打印讨论几反复，

数万字形成数篇大文章。

春风几度山高水流长。

考察报告有统有分成体系，

事例充分观点明确理论有高度。

报告给党中央中央更重视，

对"莱西经验"的推广直接作指示：

适应了农村生产方式转变的新形势。

第四节 "三配套"语言

"三配套"经验定了调，

党支部核心统领全村才可靠。

全心全意为人民的宗旨不丢初心在，

基础稳固大地安稳山也牢。

人民的江山千秋万代红旗飘。

大包干让生产方式转了弯，

一家一户也一样跟着转，

转来转去离不了农业大生产。

"三配套"使用生产要素多元化，

什么事不用操心不用再犯难。

俺选的村干部时时事事想着俺，

时时处处都在无私作奉献。

哪个若不走正路瞎作索，

动动议就罢了他的官。

俺手里有了一把尚方的剑。

在家下就是专心奔富路，

个别的害群之马明里暗里害全疃。

村里随即召开议事会，

村民代表七嘴八舌都发言。

照章处罚管他是哪路菩萨和神仙。

村里审批宅基地，

村委会张出榜来公了示：

张三说不给我儿子为甚给李四招女婿？

村民说你儿子不到婚龄给你不合理，

这事你也不用再问村干部。

村里的事儿无巨细，

需要的时候就让村民议一议。

虽说是自家事情自家管，

要是影响了村风不能全由你自己，

道德评议轻易不能放过去。

日子过得如口咬甘蔗节节甜，

耳朵能听眼也看得见。

吃的穿的天天胜似过年节，

抽空还弄个耍乐消个闲。

高兴的事儿三日三夜说不完。

共产党领导下天是人民的天，

人民的江山万万年。

小康生活连着现代化，

村里人共同富裕饮水要思源。

"三配套"就如同给俺上保险。

"三配套"不断抓完善，

七十余万人民共同用心血来浇灌。

组织的力量大无边。

第八章　山东农村改革的三篇文章

齐鲁之邦是莱西人亘古不变的故乡，

"莱西经验"植根于齐鲁大地的肥沃土壤。

齐鲁雄风泽润了莱子国，

莱子国踏着时代节拍走向远方。

霞光里激扬着黄渤海的浪。

啊！齐鲁，我可爱的故乡！

看那壮美的山山水水到处充满希望。

从大省到强省的历史跨越，

得益于历史的机遇——改革开放。

人民群众时刻创造着历史的辉煌。

第一节 名词解释：三篇文章

时语云：中国改革看农村，

农村改革看山东。

山东的改革分步骤，

按政策从现实追着大潮竞风流。

开了弓的箭从来就没回过头。

党的路线方针政策与山东实际相结合，

旗帜鲜明保持稳定率先实现新突破。

看得准走得稳团结实干抓得狠，

历史的发展机遇千万别错过。

架桥也好造船也好总是要过河。

老百姓解决了温饱便求钱袋子，

美好生活的愿望合情也合理。

党政机关围绕人民追求服务好，

跟着中央连着群众抓具体。

清一色实打实地富大地。

不要形式主义不要花架子，

去掉那些无关紧要的岗位和权力。

不能再去人为地设障碍，

办事与服务的渠道必须是通途。

简政放权才能实现高速度。

按照任务制定措施抓落实，

组合拳打出一整套的成体系。

三篇文章有分有联上、中、下，

一篇篇各给各的力。

打基础的是基层组织建设这篇在莱西。

第二节　诸城，商品经济大合唱

稳定土地承包制保证多产出，

农业的比较效益都在发展商品经济里。

产业化拉长了农业产业链，

集全县的生产加工流通资源于一体。

农工商贸同唱一台戏。

第一产业连着二、三产，

携起手来齐头并进大发展。

你中有我我中有你共担风险共获益，

农村经济实现良性促循环。

不用再提起了"蒜薹"怕苍山。

老百姓习惯了统购统销许多年，

不知道怎么把种在地里的庄稼换成钱。

常常是种得少了效益低，

种得多了充斥市场卖不出去有赔没有赚。

商品经济大合唱让生产经营各个环节都平安。

以国内国际两个市场为导向，

农民的家庭经营为基础，

龙头企业连通市场到农户，

架起桥梁共同奔富路。

一笼统地成了利益共同体。

县委、县政府是大合唱的总指挥，

种地有了高效益就像鱼儿有了水。

干群关系在一条利益链上越来越密切，

干事创业向高向远促与推。

第一篇文章在全省响了春的雷。

第三节 莱芜，强化乡镇政权

农村经济抓发展，

由乡镇服务最方便。

要强化乡镇的实际领导力，

县一级就要往下放实权。

为乡镇级"麻雀"强强筋骨壮壮胆。

经济体制改革牵动政治体制也要改，

可放能放的权力放下来。

简政放权强化手段求实效，

能力增强功能健全大步朝前迈。

农村经济农民利益如同莲花并蒂开。

短腿不再短距离不再远，

机构设置定岗定责定编不超员。

条块分割职能重复的体制已打破，

性质划分定位落地然后做精简。

政企分开干部分流轻装上阵到前线。

强化区域管理协调和服务，

干部精神状态思想作风对了路。

找准位置扑下身子多用力，

转变职能顺风顺水多方出成绩。

改革中实现了人生新价值。

机构精简职能变，

变来变去都是为了促发展。

改革措施必须重实效，

生产关系各要素需增就增该减就得减。

理顺管理层次的文章就是这一篇。

第四节 莱西，村级组织建设

每篇有每篇侧重的地方，

都为了小生产更好地适应大市场。

上篇有了接着推出中篇来，

有的放矢与"三农"唱的都是一个腔。

实事求是篇篇发挥着正能量。

细细琢磨多借鉴，

上级的正确领导是关键。

新指示新做法传达落实最直接，

融汇消化创造性贯彻到实践。

开拓创新搭上了巨人的肩。

三篇文章每年都有精美的篇，

一系列的改革措施覆盖全方面。

一九八九年的十一月五日到八日，

全省会议开到了莱西县。

地市县领导都来会上看新卷。

听介绍看现场，

"莱西经验"在全省作推广。

与会人员交流讨论翻材料，

都感觉收获满满齐赞扬。

作报告的是省委常委副省长①。

莱西县委请与会人员找不足，

会内会外虚心听取意见只为再进步。

---

① 省委常委副省长，指高昌礼，曾任中共山东省委秘书长、政法委书记、副省长、司法部长
等，在山东省推广"莱西经验"现场会上作重要讲话。

按照意见改进完善行动好迅速。

循着实践认识再实践再认识，

以至无穷的总规律。

哦，国家和省市县乡村，

一脉相承骨头连着筋。

炊烟起处是人民。

第三部分　时代的强音

第三部分 时代的强音

农村基层是共和国的基础，

基层党支部是农村基层组织的核心。

领导我们事业的核心力量是中国共产党，

指导我们思想的理论基础是马克思列宁主义，

保障着社会主义中国从胜利走向胜利。

全心全意为人民服务是党的根本宗旨，

是人民群众一心一意跟党走的永久维系。

新形势下巩固党的基层组织，

从根本上把为民服务做得具体再具体。

水载飞舟才能乘风破浪扬帆千万里。

新形势下党的宗旨究竟如何来落实？

为人民服务究竟怎样才是真具体？

从中央到地方各级党组织时时刻刻都在关注着，

放眼基层向下延伸实践里头必有真知。

人民群众每时每刻都在创造新历史。

"莱西经验"考察报告好详细，

"三配套"服务体系完整又具体。

把农村工作一件一件有机地串起来，

真实有效解答着新时期新的问题，

对指导全国工作也普遍有意义。

党中央及时作决定，

五部门一起座谈到基层，

省市区及相关领导和代表都来参加，

交流座谈参观现场看过典型。

开始了农村基层组织建设新的征程。

第九章　盛会（一）

一九九〇年八月的骄阳好炽烈，
各地各级领导光临莱西的特别多，
接待人员车站机场接了一批又一批，
许多人头一次打这胶东中心过，
心潮澎湃心情激动也如火。

车轮子旋转着平坦的路，
车窗外奔放着碧野无边生机勃勃。
耳边飘过奋飞的喜鹊叫喳喳，
如同开道引领的那礼宾者。
引导客人看看莱西人民的新生活。

第一节　会前准备

中央四月作决议，

八月份座谈会议到莱西，

各方面的事项都明确，

相关部门按照程序发通知。

一应事务悉数传达都是很详细。

小县城接待大会议，

条件不够力量也不足，

虽说是自然和人文环境还算好，

接待硬件必须提前做细致。

兵马未动粮草先行这是老规矩。

莱西号称中国北方县级一"水城"，

偏偏这一年遇上春旱无水可供应。

河渠断流水库干涸水源在何处？

挖开河床砌起水廊才有泉水流淙淙。

保供保用保证了善始也善终。

县政府宾馆接待条件不完善，

抓紧时间改水改厕改房间，

虽如此也不过是因陋就简勉强可以用。

按参会人数盘点床位还是不足算，
只好到宾馆外面再去号宾馆。

食品卫生层层落实把好关，
食材都定在农民的粮囤大菜园。
肉联厂养殖场的肉蛋奶，
质量优价格低就地购置保新鲜。
提前作了专门安排定了点。

全县的车辆也有限，
一辆辆都号下服从会议接待和参观。
要参观的典型村庄定下后，
进村的道路都要检测铺筑和完善，
保证行车安全畅通不间断。

中央相关部门的人员提前到了会，
检查落实安全保卫医疗消防等项细而微。
会议秘书处人员先期都到达，
与县委政府"两办"人员结了对。
齐心协力步调一致统一听指挥。

秘书们白天迎着太阳晚上开着灯，
任它是汗流浃背腰酸痛。
任劳任怨都是为了开好会，

文件撰写抄录打印披着星月到天明。

也学到了中直机关的好作风。

第二节 会议之览

八月五日真是个好日子，

全国村级组织建设工作座谈会即时开了幕。

主会场设在莱西宾馆二号楼，

热烈祝贺的横幅悬在宾馆大门口。

喜庆的气氛直上重霄九。

与会人员陆续入会准时间，

照桌牌各自落座秩序很井然。

实木椅子实木桌子铺着白桌布，

茶杯加上茶叶放在右手边。

服务员随时去把开水添。

主席台布置也是同一标，

不分什么职位低与高。

看看实在是挺简陋，

各级领导却觉得这样就很好。

会议开出水平才是最重要。

报告和交流讨论都是照议程，

按部就班有条不紊依次来进行。

热烈镇定紧张而有序，

还是共产党长期以来形成的好会风。

一言一行一举一动彰显好传统。

九点钟准时举行开幕式，

民政部部长崔乃夫①致了开幕词。

山东省省长赵志浩②青岛市委书记郭松年③，

分别致辞欢迎表示一定服务好，

中组部常务副部长赵宗鼐④作主持。

会议讨论提前分了组，

发言热烈都从实际入了题。

部委领导分头到组里听意见，

汇总整理然后提交会上作决议。

统一了意见决定才给力。

会议就餐吃桌饭，

每人规定标准十元早午晚。

---

① 崔乃夫，1990年8月作为民政部部长出席了"莱西会议"。

② 赵志浩，1990年8月作为山东省委副书记、省人民政府省长出席了"莱西会议"。

③ 郭松年，1990年8月作为青岛市委书记出席了"莱西会议"。

④ 赵宗鼐，1990年8月作为中组部常务副部长出席了"莱西会议"。

大餐厅十人一桌一起吃，

普通菜肴没有酒都是家常饭。

莱西参会人的食宿则由自己家里管。

第三节　经验交流

座谈会经验介绍安排在开幕后，

省地县乡村和民政青妇政策研究全都有。

从开始直到第二天上午就这一个题，

讲得动情听着认真记在心里头。

没在会上讲的就把材料发到各人手。

张成堂代表莱西县委政府先发言，

介绍了全县的情况大概观。

说起进行配套改革前前后后全过程，

收获了喜悦也解了许多难。

坚定了党支部核心地位点亮灯一盏。

多少感慨多少忧虑顾后也瞻前，

基层组织有血有肉有核心才能磐石坚。

配起套来有抓手工作做到位，

党员干部凌云壮志才能宏图展。

基层组织健全坚强才抗得住风浪经得起险。

经验交流发言相连接，

主持人每个半天换一个。

五日下午是全国妇联副主席黄启璪[1]，

六日上午是团中央书记处书记刘奇葆[2]。

主持人对每一发言都谈意见作引导。

辽宁省委谈发挥党支部的核心作用，

无锡县委说建设社会主义新农村。

湖南省委讲农村社会主义思想教育，

浙江省委组织部整顿后进支部体会深。

听着介绍想着问题入脑又入心。

福建省民政厅介绍依法治村庄，

江陵县的加强基层妇代会经验有力量。

龙海县共青团适应农村改革增活力，

九间棚党支部带领群众艰苦创业奔小康。

听的人感叹之余心里直夸赞。

讨论热烈都发言，

涉及理论实践政策措施全。

---

① 黄启璪，1990年8月作为全国妇联副主席、书记处第一书记出席了"莱西会议"。

② 刘奇葆，1990年8月作为共青团中央书记处书记出席了"莱西会议"。

问到了各地如何推广如何做？

都道是联系实际创造性工作才灵验。

座谈会的介绍拿来参照作标杆。

从局部到全面，

部门工作一条线连着千千万。

围绕党的重心做工作，

道路正确方法对头成效必然见。

改革开放各有各的新经验。

第四节　领导讲话

领导同志作报告，

座谈会第四天日期是八号。

与会人员认真听指示，

耳闻手记生怕哪里会漏掉。

关乎党执政根基的大事都记牢。

领导强调必须重视农民的问题，

把农民吸引到党的周围必须基层组织去实施。

党的路线方针政策要变成农民的自觉行动，

集中力量搞好生产做好村里事。

保证社会主义大厦风里浪里巍然立。

旗帜鲜明确立以党支部为核心，
增强村级组织的凝聚力和战斗力。
社会主义建设必须由党来领导，
新农村建设一定要有好支部。
由坚强能干公道的人来当书记。

实行家庭经营要重视村集体，
集体经济发展才有能力增加农业的投入。
办实事让干群关系融洽支部威信高，
提高水平把双层经营推向更高级。
强大的集体经济实体要巩固。

人民当家作主是社会主义民主的本质，
村民自治是党领导下民主的形式。
乡政府对村委会实施行政管理，
村委会有责任完成上级布置的任务。
乡镇政权建设一定要重视。

必须加强对农民的教育，
用社会主义思想文化占领农村阵地。
绝不能让腐朽思想抬头丑恶现象复燃，

基层组织要为群众自我教育服好务。

形成社会新风尚要有农民新觉悟。

领导讲话肯定了莱西的经验，

核心和助手作用协调成合力。

提高干部马克思主义基础知识增党性，

挑选优秀干部到中央和省市党校去学习。

关心爱护帮助他们成长和进步。

共青团中央书记宋德福、

全国妇联书记处第一书记黄启璪接着发了言，

表达了对"三配套"经验由衷的赞叹。

分别提出基层青年、妇女组织的新任务，

遵照党的指示和群众意愿去实践。

一环紧紧扣一环，

白日的议程连夜晚。

如同读着真书连实卷。

第十章　盛会（二）

会议进行得热烈紧凑分阶段，

文武之道一张一弛有忙也有闲。

高高的白杨树上鸣蝉唱着热，

聒噪的声音进到会场并不觉得烦。

议程里没有这个任它叫得欢。

听报告作交流讨论新文件，

会场的议题告一段落再到点上看。

考察乡村生活看看变化到底有多大，

认认农民的大门楼进进农家院。

看看广阔田野里农民淌了多少汗。

第一节　领导视察

领导同志关心基层关心老百姓，

总是想着到村和农民家里看究竟。

工作人员深明领导的心意，

随即安排到一个村庄看典型。

还是当年老革命的好作风。

一路是车行柳荫走河边，

地方领导陪同到了李家疃。

村党支部书记李高芝[①]心里挺打怵，

从没见过这么大的领导就在眼面前。

领导说你敞开思想就实实在在只管谈。

李高芝见各位领导很和气，

打消顾虑原原本本从头说到底。

他说他当兵回来参加了公社工作队，

两年后回到村里进了支部任书记。

十几年的时间家家户户由穷变了富。

①　李高芝，曾任李家疃村党支部书记、莱西市人大常委会法教工委主任。1990年8月李家疃村
作为"莱西会议"参观的8个典型村之一，得到中央领导同志的称赞。

他说村庄由落后变先进，
靠的就是先锋党员堡垒党支部。
"两个作用"齐发挥，
没有办不好的事情走不通的路。
千层大厦靠的就是基础固。

领导赞扬说："这个境界不低，
干事创业就要有这样的劲头和认识。"
李高芝说村里每个党员都包户，
政策落实服务群众上上下下排具体。
种粮栽果办企业都是里外里。

听汇报的还有青岛和莱西的主要领导，
原定的二十分钟结果用了一小时。
听完汇报看了村容又到农民家，
边看边问坐下来交谈听详细。
农民的好日子看着说着都满意。

领导同志还约了一些人员开座谈，
参加的人谈了许多好意见。
他要求大家集思广益集体来创造，
把党对农村的领导不断加强和改善。
在会议精神贯彻中努力去实现。

听介绍也要看实际，

会议安排九日参观到实地。

车辆开进宾馆随时听命就出发，

都是多年的优秀司机来驾驶。

哪人乘哪车安排名单提前到了组。

第二节 现场参观（一）

现场参观分了南北两条线，

一条路线四个村分为两边看。

北线出了宾馆往东走，

南线驶出门来直接往西南。

走进村庄一个接一个地细心看，

道路蜿蜒常需要拐上几个弯。

水集镇的李家疃，

各行各业一齐大发展。

集体企业办起了十六家，

上年的工业产值达到千余万。

人均收入到了一千二百元。

农民有钱建了新房屋，

村里的人居环境大改善。

潴河边规划了别墅区，

二层小楼建起一大片。

致富路上这家比着那家你追他也赶。

村里党的组织很健全，

村委和群团组织工作覆盖到边也到岸。

"三会一课"的制度严格来遵守，

党员先锋模范作用时时都凸现。

不与群众争肥瘦群众把党作靠山。

设立了"党员目标管理红旗评比台"，

还办了党员素质补习班。

党员干部不吃请，

廉洁勤事一个一个是标杆。

干部群众团结一心有了好领班。

牛溪埠乡的牛溪埠村，

《村委会组织法》试点好认真。

实行了村务财务干部收支三公开，

全体村民监督起来最上心。

民主政治打下了基础凝聚了人。

破除旧俗树立三个新观念，

公仆观念从党员干部身上来体现。

主人翁观念就要都参加村民议事会，

民主法治观念让全村遵纪守法各争先。

农民代表当上了模范争了先。

建立起监督、约束、鼓励三机制，

规范了十五个条件和制度。

样样公务公开公正做得顺民心，

社会公德人事家风也由村民来评议。

风正家和致富路上干劲足。

个人收入富自家集体经济富大家，

集体积累达到二百五十还零三万元。

为十六名模范村民办理了退休发了退休金，

村民养老有了盼头乐开花。

一时间成了新闻头条上喇叭。

店埠乡的西张村分田到了户，

人多地少剩余200多名好劳力。

党支部村委会开动脑筋想办法，

用集体力量办起集体企业来安置。

全面发展就要以工来补农。

企业利润成为村里的主收入，

党员干部是企业名副其实的顶梁柱。

村里新上了一个桐木制品厂，

资金不够"两委"成员就各人回家去凑付。

党员电焊工服从村企关了自家油条铺。

村支部书记一心要赚外国的钱，

横向联合开拓市场都向远处看。

用当地原料生产出口新产品，

远销十几个国家和地区挣美元。

创外汇促致富开了新一篇。

村办企业富了村民集体也富裕，

村里头修大街村外铺了路。

村民活动中心建起来，

精神文明富脑袋改革就让腰包鼓。

村级组织各有作为村民都信服。

望城镇的辛庄村选拔干部重民主，

不是凭关系而是看能力。

为村庄的长远发展培养后备军，

立党为公就要存公心。

多换思想少换人。

村干部操心劳力为民谋幸福，

不接受吃请不收半点礼。

清正廉洁经得起调查经得起评，

轻装上阵埋头苦干任凭风和雨。

工作认真扎实避免有失误。

建了扬水站打了大口井，

旱涝保收必须靠水利。

农田耕作实现了机械化，

一家一户省心又省力。

都说多亏是村里有个好支部。

辛庄村靠着潴河近大沽，

粮丰林茂多种经营增收入。

富裕了农家集体也有钱，

村里建起敬老院老人有照顾，

农民养老再也不用有顾虑。

朴木乡的前沙湾庄增强党的凝聚力，

为村民服务做得周到又具体。

农业机械水利建设大发展，

农业生产技术培训到人送到地。

一家一户增产增收真省事。

党员与贫困人家结成对，

帮得多快多好有标有准有定位。

帮物帮钱帮技术什么需要就帮什么，

家看家户看户一个不能掉了队。

党的宗旨从来都是为人民。

社会主义思想多灌输，

村民的思想观念不落伍。

村里为每家每户订了报纸与刊物，

国内国际的事情知根又知底。

不能让那封建迷信自由化引进"胡秝地"。

花草树木栽满了街两边，

绿化美化人人都喜欢。

收了工的人们走在大街上，

舒心的滋味比那蜜还甜。

好日子一步一层天。

院上镇的赵家庄，

在村里的荒滩建起了新工厂。

思想解放闯开了新路子，

干部群众艰苦创业奔小康。

经济发展的大格局有了新模样。

放眼村东满目是厂房，

体育用品铸造配件等项目有若干，

恰如雨后春笋一齐长起来。

本村外村的农民洗净了泥腿来上班，

股份制让工人以厂为家心喜欢。

乒乓球台是培力牌，

远远近近的订单雪片一样来。

品质优良供不应求特畅销，

供应了国内客商才能顾老外。

皮件时装玻璃模具也那么惹人爱。

职工食堂饭菜真可以，

还建了这家那室多间屋。

家室里可以娱乐、活动和读书，

幼儿园养老院全村都得济。

工业农业齐头并进一个好模式。

东庄头村是店埠乡，

世代住在大沽河冲积平原上。

区域种植当了全县排头兵，

粮油果菜连年丰收效益稳增长。

红火的日子越过越兴旺。

村里建起农技、农机、水利、物资、种子五个站，

果业协会技术管理销售统筹到每个园。

先进的喷灌设备引进来，

手牵龙王鼻子有排也有灌。

天旱水涝不用再犯难。

全村基本农田分成三个方，

粮油轮作不重茬土地培肥庄稼旺。

实行良种耕作精良播种几统一，

让土地提高效益作物增产量。

得益于支部领导党员干部好思想。

全村优质果园达到千余亩，

五个村企齐增收更重"绿工厂"。

承包给十二户懂技术的农民全负责。

村集体的积累源远流也长。

绿工厂成了名副其实"绿银行"。

武备乡的孟家庄，

群团组织活动百花放。

村里先后建起青年、妇女、民兵之家，

母子保健室和农民夜校大课堂。

团结紧张严肃活泼风气天天都看长。

利用广播、图片、讲座、录音多形式，

围绕党的中心任务把各项活动来组织。

青年妇女民兵各按职责各做事，

共同是学习时事和技术。

每人要有一个致富好门路。

文娱活动让全村都活跃，

传统秧歌还有交谊舞和迪斯科。

改革开放的先进事迹齐歌颂，

自编自演的文艺节目就有二十多。

组成班子业余时间跳舞又唱歌。

当好村"两委"参谋和助手，

参与村务管理有根有据有准头。

合理化建议许多被采纳，

村里年轻人有了理想和追求。

帮困致富双学双比个个争上游。

第三节　现场参观（二）

胶东的天气早晚虽然还凉爽，

八月的骄阳似火热度总是不寻常。

太阳升了起来外出就如入蒸笼，

参观的领导这会儿沾了暑热的光。

幸亏车里的空调还能起点作用帮点忙。

进了村不觉眼睛亮，

街道绿化美化净化如同城市那个样。

大秧歌扭起了欢迎的舞，

颂歌里唱着饮水思源感谢共产党。

欢迎各级领导光临指导来看俺们庄。

推开门进了农家院，

先看锅里的饭食再看粮油仓。

机房里看到了新买来的拖拉机，

东方红的牌了实在靓。

一应的配套器具都原装。

来的人有许多专家和内行，

听完介绍就让领着翻翻村里的账。

看一看集体收入数字实不实，

看一看村里的开支记在哪栏上。

书记说，我们是实打实地不欺也不诳。

临时开个小型座谈会，

问题提得一个一个通通挺尖锐。

参会的面对领导只管照实说，

什么事也用不着去避讳。

实事求是的作风传到了新一辈。

车行到半路下来看农田，

地里的农民开着机器正抗旱。

喷灌机喷着水雾就像是及时雨，

地的主人扛着铁锹只不过随机挡挡堰。

问了说这是村集体的机器不要钱。

热归热旱归旱，

没有稼穑的经历都想多看点。

把芋头苗认作是旱荷花，

向日葵怎么就能叫"转莲"？

闹出了笑话也不眨眨眼。

看着这大旱天里一地好庄稼，

想起知政得失"进门看容颜下地看桑麻"。

赶紧上车避避日头晒，

看那满身的衣服已被汗水几遍溻。

一把纸扇怎敌得暑气普天下？

第四节 会议总结

座谈会开到了第六天，

前面的各项议程已按规定执行完。

会议总结就在今天来进行，

中组部常务副部长赵宗鼐讲话谈意见。

中央政研室副主任郑科扬[①]主持挺带范儿。

赵副部长总结讲话的主要内容，

是加强以党支部为核心的村级组织建设。

讲话中谈的意见共五点，

每一点都关系党的领导和农村的改革。

共产党执政就是中国最大的特色。

要加强和改善党对农村工作的领导，

坚定走社会主义道路不动摇。

以党支部建设为重点，

村委会、合作经济和群团组织要配套。

把农民群众在致富路上团结起来引导好。

党支部建设一定要高标准，

---

① 郑科扬，1990年8月作为中央政研室副主任出席了"莱西会议"。

政治上要坚定要凝聚百姓心。

领导班子要团结党内生活要健全，

在共同富裕的路上带领全村人。

选好党支部书记最要紧。

实行村民自治适应农村新形势，

《村委会组织法》确立了性质和任务。

村委会要独立负责地做好工作，

必须思想行动都明确领导核心就是党支部。

为农民服务履行好了权利和义务。

农村干部在改革开放第一线，

建设好干部队伍最关键。

要加强思想教育牢记党的宗旨，

利用手中的权力好好为人民做贡献。

关心爱护培养为干部成长创造好条件。

要加强对村级组织建设工作的领导，

事关全局必须由主要领导负责才能抓得好。

部门和群团组织要通力合作，

深入实际坚持下去讲实效。

从实际出发分类作指导。

会后向党委政府汇报会议总精神，

传达贯彻统一行动落实要认真。

按照当地村级组织工作实际安排好。

巩固发展同农民的联系要多用心。

步步推动农村改革和建设事业向前进。

全国村级组织建设工作座谈会，

日程六天收获满满硕果着实是累累。

恋恋地送别入会人员流下了不舍的泪。

第十一章 贯彻

会议精神必须雷厉风行去贯彻，

落实会议精神的风吹遍了全中国。

召开会议下发文件多方作交流，

得力见效的措施一个接一个。

让"莱西经验"迅速在当地开花结硕果。

各级第一把手心里都亮堂，

按照座谈会精神定方向。

多年困扰农村改革的难题已破解，

广阔的田野充满新希望。

哦，我可爱的祖国我美丽的故乡。

第一节 会议纪要

领导同志对《会议纪要》很重视，
要求集思广益明确思路确立方向定任务。
省委领导要求抓紧修改尽早上报党中央，
批准后下发执行认真去落实。
一步连着一步迅速又严密。

《会议纪要》记得简而全，
是传达贯彻会议精神的主文件。
按层级发到各级党委和政府，
让各级有根有据有规范。
提纲挈领都是精髓和要点。

记入了领导讲话与各地发的言，
记述了会上交流的好经验。
展望了当前今后农村改革大远景，
在希望的田野上描绘着繁荣说党建。
大海行舟挂起顺风的帆。

农业农村问题归根到底是农民问题，
密切同农民群众的关系稳定全国大局势。
分析了农村形势村级组织的现状，

存在的问题必须高度来重视。

认真解决要成为各地当务的急。

座谈会主要精神全部在《纪要》，

贯彻落实的措施要求具体又周到。

基层组织关系定位责任义务定得很清楚，

全局和局部近期与远期说得真地道。

巩固基层稳定基础保证大厦坚而牢。

村级组织建设如何做？

《纪要》上说了综合说单个。

各地联系实际抓准抓细致，

攻坚克难改造后进要把总体盘个活。

共产党人前进路上从来不停歇。

《纪要》文件全党都学习，

抓好落实成为头等大任务。

订了计划分了步骤各方去完成，

行动迅速保质保量定预期。

放眼全国强化基层成为大趋势。

创造性贯彻落实各有各的路，

点面结合步调一致同唱一台戏。

请进来传经走出去学道各有各的法，

繁花似锦喜看那千蒂并万蒂。

花开花落累累的果实挂满了枝。

第二节 莱西行动

全国在行动莱西怎么办？

县委政府提出率先要垂范。

送走座谈会上的最后一批人，

随即召开了常委扩大会议作研判。

集思广益拿意见。

乡村党员干部一竿子插到底，

县级领导各分任务抓点又包片。

座谈会重要意义传达到全党，

让广大群众走社会主义道路到永远。

双层经营包括家庭集体两方面。

传达贯彻学习教育分阶段，

村级配套建设三年规划随即开始编。

从起草讨论研究决策到完成，

内容充实措施得力十月十七日发文件。

巩固完善持续发展有规范。

三年规划指导思想立意高，

以全国会议精神为指导。

村级建设在整体上要有新突破，

让每个村庄都达到"三配套"。

建设富裕民主文明的新农村是总目标。

规划的时间直到一九九三年，

功夫下在普及与提高两方面。

提出年度目标和形势动态，

建设目标经济指标列出一二三。

总体上台阶各个单位都要大改变。

工作重点排得细，

条分缕析提得很具体。

从组织建设到经济发展到农民教育，

县乡干部下乡包村做公仆。

优化村级建设内外环境要兼顾。

成立了村级配套建设领导小组，

县委书记担任组长抓全局。

检查指导协调各方面认真做工作，

形成合力把重点落到村一级，

措施得力精心抓实施。

第二年的年度考核下数字，

把全县的村庄分门别类划了三批次。

也是中间居多两头少，

由各乡镇自己分解到村里。

具体标准完成时间责任到人定清楚。

第三节 远方来客

来参观的客人那么多，

陆陆续续一拨刚走接着又一拨。

从西部、中部来到了东部这小县域，

顶着夏日披着秋霜不避冬天雪。

就为来看看听听村级组织的新建设。

一下子这么多客人要接待，

没那么多高档宾馆也没有好饭菜。

安排上好的等次也只能说抱歉，

真担心怠慢了客从远方来。

只好填补更多的热情周到加关怀。

县里成立了村级建设办公室，

按客人要求周密作安排。

接待人员以客人需要为己任，

早迎晚送周末加班视为正常和应该。

设身处地想想来客总是人在外。

想到了外出参观资料最珍贵，

组织人员紧赶慢赶辑成汇编本。

还制作了录音录像带，

让参观的人读着看着也欢欣。

不用再为此多去费脑筋。

远方的来客多数没带车，

乘飞机坐火车到站告诉已光临。

匆忙中近程远程去接站，

待命车随即出发如同急行军。

随车迎客随车介绍每车都有人。

一路上欢歌笑语进了村，

常常是前面车队刚到后面就紧跟。

堵街塞路影响生产和生活，

通情达理还是勤劳朴实的庄稼人。

再怎么也得区别主人和来宾。

远方客人提出与地方干部作交流，

这样易于把更多的经验学到手。

接待人员说只要你们行程有安排，

县乡村要哪一级敬请你开口。

我们的干部随时都恭候。

远方来客知多少？

到年底统计做报表。

二百二十三批六千一百五十七人，

二十四省九十一地百六五个县，

过完年来陆陆续续又来到。

第四节 乘风振羽

乘风振羽才能万里飞，

肥水万方始可硕果结累累。

莱西得益于上下左右都助力，

"三配套"方见青松绿竹茂苍翠。

一路上提升行远四面八方各相随。

座谈会期间新闻单位先到达，

随会的中央级单位就近二十家。

新闻发布及时还加按语、评论和综述，

报刊投递音像传播如同春风刮。

捕捉时机传递信息就像是春江的鸭。

会上的消息传遍全国全世界，

跨千山越万水飞进基层干部心窝窝。

农民正看着地里庄稼想着心里事，

听到消息眉开眼笑从外往里乐。

回到家就着大葱喝了二两多。

会议后村级组织建设工作新内容，

新闻媒体及时报道抓跟踪。

中央地方报刊广播电视加网络，

详细采访深入挖掘大广角式地报新颖。

思想境界表现形式都是高水平。

研究成果助推村级组织建设向新高，

研究机构调研探索不断出实效。

"莱西经验"在新形势下步步向前走，

路子都从实践认识再实践再认识的过程找。

认识论方法论始终没歇脚。

多次举行纪念"莱西会议"周年会，

领导指示专家指导临场作发挥。

新方向新任务一同做布置，

充电加油再鼓劲瞄着先进向前追。

展开大翼乘风破浪向高向远飞。

基层新创造外地新经验都吸收，

兼收并蓄开拓创新奋发进取不回头。

人民创造历史就要虚心学人民，

天外有天不前进就会落了后。

鞠躬尽瘁就需要不到天晌不卸牛。

落实不停步探索无止境，

征途上激荡着发奋进取的风。

大时代就是要有大作为，

勇挑重担也要甘当螺丝钉。

打胜仗要有果敢的将军勇敢的兵。

贯彻是手段落实是根本，

创造性发展要靠才智还靠进取心。

效果最终要看农业、农民和农村。

第十二章 荣誉

党和国家给"莱西经验"最高的荣誉，

改革开放四十周年具有重大的意义。

推荐改革开放杰出贡献的予以大表彰，

"莱西经验"践行者定在推选范围里。

选出代表受表彰到北京参加全国的会议。

一位代表不是一个人荣誉，

代表的是创造者的一个总体。

党和国家对"莱西经验"充分作肯定，

在改革开放中发挥了助推的力。

名额由此缘由而郑重推荐出。

第一节 确定人选

二〇一八年初夏正六月，

中办国办下达通知到全国，

推荐改革开放杰出贡献受表彰的人，

一级接着一级认真传达认真做，

要抓紧落实确定人选时间不能拖。

在推荐的范围里头定人选，

村级组织配套建设是这里的经验。

按组织程序工作程序传达到莱西市，

推荐初审确定复审一项项连着串。

政治品德廉洁贡献层层要把关。

村级组织配套建设核心在党建，

各级领导抓基层都是着重点。

组织部门从工作出发选定了莱西市，

就在组工干部里面找人选。

要看在"莱西经验"形成中作出何贡献。

"莱西会议"期间已是县委组织部副部长的周明金[①]，

[①] 周明金，曾任中共莱西县委组织部副部长、人事局副局长，莱西市国土资源局党组书记。2018年12月获"改革先锋"称号。

多年的组织科长抓基层党建工作好认真。

勤奋努力刻苦钻研埋头干实事，

勤勤恳恳任劳任怨专注本职苦用心。

调查研究注重实际深入乡镇村。

初步确定了人选接着考察和评审，

政治上思想上道德上样样要求合标准。

领导意见党员意见群众意见都听取，

工作到位程序合规事事抓得紧。

从里到外方方面面有定论。

青岛市和省主管部门请他去谈话，

为加深了解也为一起见见面。

回顾当时诸多往事和体会，

还联系时代发展说当前。

放眼"莱西经验"还要看长远。

中组部归口考察派人作复审，

一遍遍谈话一次次探访一步更比一步深。

查看档案翻阅资料寻绩又看效，

问了家长里短还问几代人。

建议成立市党建研究会继往再开来。

十一月二十六日《人民日报》开栏目，

对党中央决定表彰的个人作公示，

自当日八时到三十日十七时，

五天公示期限过去没有不同意。

确认了表彰人选不再有异议。

第二节 光荣进京

时间到了十二月十三日，

是明金启程赴京的好日子。

市委领导安排送了行，

一名年轻干部专程作陪同。

直接上了和谐号一路到北京。

至晚时分车到北京站，

接站人陪同进了住宿点。

没有多少豪华没有什么奢侈，

有的只是普普通通单人间。

党的艰苦朴素作风也在这里边。

中组部办公厅安排照顾百般好，

部务委员组织局长来看望代表部领导。

表示欢迎表示慰问热情作交谈，

问胶东谈京城各方细关照。

还把晚会注意事项认真作介绍。

文艺晚会举行就在人民大会堂，

明金从来没有现场看过只在心里想。

今晚有了在此看演出的好机会，

心潮澎湃就如同黄渤海的浪。

等待那企盼的钟点到来不时翘首望。

看到中央领导走来心里喜若狂，

一时欢欣一时激动一时还挺紧张。

与领导握手激动的心跳到了嗓子眼，

一肚子话儿欲讲还没讲。

只感觉那幸福的热泪就要往下淌。

灯光闪耀音乐响起演出已开始，

大幕拉开看波澜壮阔满台是靓丽。

《序曲》悠扬迎来了《壮丽东方潮》，

戏剧化表演把艺术样式融为同一体。

《春天的故事》《在希望的田野上》激扬着主旋律。

《奋进新时代》翻开历史新一页，

娓娓述说着改革开放的时代新故事。

《时代号子》《绿水青山》载歌亦载舞，

《强军战歌》挽着那《一带一路畅想曲》。

《相约世界》余音绕梁响着大旋律。

中组部作部务大事来安排，

让明金参观部史部风开眼界。

参观国家博物馆的展览还是第一次，

"莱西经验""莱西会议"布置得真实又明白。

回首往事展望未来壮心依旧在。

第三节 大奖获颁

庄严时刻即将要到来，

预备会也在提前如期开。

让受表彰人员周知注意的事项，

还按参会要求认真做彩排。

按规矩照规范点点滴滴记心怀。

十一月十八日天空真晴朗，

五星红旗迎着旭日高高在飘扬。

礼宾车辆载着受表彰者徐徐来到了，

迈动缓缓步子进入了人民大会堂。

由工作人员引领到达主会场。

庆祝改革开放四十周年大会在十时，
中华人民共和国国歌齐唱响。
中央领导同志宣读表彰决定，
改革先锋与中国改革友谊奖章获得者，
由工作人员宣读名单和事迹。

中央领导同志颁发奖章和证书，
明金事迹十六字写得明白也清楚——
农村基层党建"莱西经验"的实践创新者，
表达着概括同样也表达了具体。
他此刻心里有多少激动多少感慨不已？

一排排少先队员走上主席台，
向受表彰人员献花致敬礼。
坐在最前排的中央领导转过身，
向受表彰的人员鼓掌作致意。
面对的是人民创造的伟大历史！

总书记大会上讲话耳畔响起，
明金静静听着心追手记。
他曾经读过听过总书记重要讲话，
可从来都不曾在这么样的近距离。

脑海里刻下了终生难忘之印记。

"改革开放是我们党的一次伟大觉醒"，
"孕育了我们党从理论到实践的伟大创造"。
多么激动人心多么回肠荡气！
总书记发出了伟大号召，
不忘初心牢记使命将改革开放进行到底。

与中央领导一起照了相，
心中涌动的有多少潜思和默想。
无声的誓言是在党的领导下，
在有生之年里要更加发愤再图强。
让有限的生命闪耀灿烂的光。

第四节　载誉归来

激动欢愉欣喜快慰难平静，
整列动车满载着一路是东风。
载着满怀的激动和无上的荣光，
载着六十六个春秋此人生。
风驰电掣穿越的都是好风景。

车窗外莽原寒树——都闪过，

跨越黄河之水遥望着大明与千佛。

再有十二天新一年的钟声就敲响，

必须以全新的姿态虔诚去迎接。

背负盛名大誉应该如何做？

胶州湾的浪涛欢快奔涌，

似在欢呼载誉归来的改革先锋。

青岛市委组织部的领导迎接到站台，

表达市委、市政府热烈的欢迎。

轿车缓缓行驶沐浴着黄海的风。

市委书记张江汀[①]主持欢迎会，

与有关方面领导欢聚一堂好欣慰。

改革先锋汇报了大会的盛况，

汇报了中央领导的新教诲。

表示自己背负盛誉更要大作为。

要为"莱西经验"拓展深化贡献绵薄之力，

甘心情愿作发奋进取的铺路石。

不忘初心也不要忘了来时路，

力所能及尽力而为再创新业绩。

---

① 张江汀，2018年12月作为青岛市委书记迎接"改革先锋"周明金载誉归来。

老骥伏枥壮心依旧不能已。

应做的就扎扎实实一定要做到，
需讲的就要原原本本努力地讲好。
静下来认认真真理出新思路，
要做要讲勤勤快快脚跟脚。
一万年太久要争夕与朝。

明金不以名人自居不骄也不躁，
总记着是全体的智慧才有"三配套"。
放下行李亲了亲外孙听从党安排，
应邀谈"莱西经验"到了省和市的各党校。
在青年干部学院讲到了新创造。

转眼间"莱西会议"已经三十年，
纪念会由省委召开在济南。
省委书记刘家义出席会议并讲话，
专家学者有许多会上说高见。
党建研究会长周明金再开新一篇。

一个创举一个荣誉，
铭刻着"莱西经验"和"莱西会议"。
时空的光点见证着历史。

第四部分　新路的交响

第四部分 新路的交响

事物发展不能永远在一个水平上停留，
"莱西经验"必须适应时代新需求。
要一步一个脚印向前再推进，
人不能两次踏入同一河流。
你看那滔滔流水一泻千里不回头。

社会发展形势变化如同江河之水，
"莱西经验"要随时代发展步步跟。
人民推动历史前进的脚步永不能停歇，
莱西市委、市政府对此时刻清醒心领神也会。
深化发展跟着人民需求不断往前奔。

步子怎么迈？路子怎么走？
绝不能站在岸上临渊羡鱼光发愁。
改革发展的大潮激流奔涌，

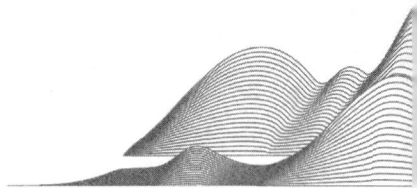

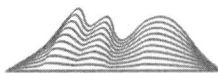

洗耳听民意抬眼望神州。

必须是月亮在走我也跟着走。

"莱西经验"紧跟时代步伐再出发,

时时刻刻想着人民架起云梯上高台。

宜分则分宜统则统宜开则开宜合则合,

超前思维及时把得力措施细安排。

莫劳百姓千呼万唤始出来。

"三配套"坚持以党支部为核心,

服务乡村振兴是"莱西经验"的立家之本。

坚守核心抓住根本就要照着实际做,

发展有需要深化有拓展才能达到实和真。

干工作就是要踏石石有印抓铁铁有痕。

第十三章 亲切的关怀

各级领导始终关心莱西发展，

关注着"莱西经验"跟随时代向深远。

新形势新需求呼唤新任务，

各层级随时深入基层搞调研。

新方法新决策需要求助新实践。

深化拓展"莱西经验"主体在莱西，

市镇街道村庄各级干部一齐在努力。

让人民群众满意上级领导都放心，

把各项工作做精做细做扎实。

新实践不断升华着新认识。

第一节　总书记的勉励

习总书记的关怀暖人心，

谆谆告诫全党要以人民为中心。

把人民看得比自己还重要，

多次强调"我将无我，不负人民"。

人民领袖就有这样的大胸襟。

二〇一三年十一月总书记视察山东，

说"发端于莱西的村级组织配套建设，

在全国起到了很好的示范引领作用。

希望山东增强进取意识，勇探新路"。

谆谆的教诲深刻而英明。

莱西人民如饮甘霖如沐春风，

总书记为"莱西经验"深化拓展指引航程。

各级迅速传达深刻理解认真抓落实，

"勇探新路"是方向也是明灯。

"莱西经验"再出发这是新动能。

党中央把"三农"作为重中之重，

"三配套"因"三农"而起随着"三农"行。

实践上理论上深入研究和探索，

推进"三农"上高端必须强基层。

总体上必须靠党建来引领。

"小康不小康，关键看老乡"，

总书记的话句句说在农民心坎上。

各级干部都在领悟在行动，

下到农村带领农民抓钱又抓粮。

带着资金筑路铺街又修房。

深化拓展致力于脱贫攻坚，

把总书记指示作为重点之重点。

坚定贯彻乡村振兴大战略，

不漏一户不落一人保证生活都美满。

推动农业农村稳步发展上高端。

建立城乡融合的体制和机制，

形成以工促农以城带乡的好路子。

这宏伟目标和具体内容融入更深化，

实现城乡平等均衡合理去配置。

建设大中华新农村的新富裕。

让乡亲们过上好光景，

符合我们党始终不渝的初心和使命。

在习近平新时代中国特色社会主义思想指引下，

"莱西经验"深化拓展一路乘东风。

撸起袖子加油干向实向远攀高峰。

第二节　省和市的关怀

"莱西经验"在基层的土壤初产生，

深化的方法拓展的路子依然在基层。

主旨离不开为"三农"服好务，

厘清思路抓住重点万变不能离其宗。

答卷人要问阅卷人这样中不中？

爱护激励支持是不竭的动力，

省和青岛市领导一直关心莱西市。

莱西会议之后愈加关注与关切，

把"三配套"编织得实实在在加加密。

让农民在深化拓展中更受益。

主要领导多来考察作调研，

广阔田野一览无余都向全面看。

深入集镇村庄农贸市场问交易量多大？

弓腰进大棚扶着树枝看果园。

听着乡里话同农民细交谈。

与随行的干部说看法，
面对着现场问这又问那。
结合典型事例认真作分析，
现场指导融合实事说着实在话。
明白具体理解执行更畅达。

看面看点看的都是真情和实况，
座谈会听汇报也让谈设想。
一般个别综合考虑讲话作指示，
基层干部心里感到鼓舞脚下有力量。
攥紧拳头再理思路再谱新篇章。

上级部门到基层了解情况谈具体，
传达新政策更兼研究新问题。
进行实地考察发现困难随即就解决，
现场拍板利用优惠政策作扶持。
或给资金、项目，或培训新干部。

工作队派了一批又一批，
单位的精英带队兼着第一书记。
判断力领悟力执行力上都是高手，
推进拓展就如同战场夺高地。
在哪个村就有哪个村的百姓跷拇指。

费脑筋开思路万事贵在从头起，

突出重点利用优势抓项目。

夜里思考白天齐心干，

谋划着边出成果边走下一步。

让每个穷村都变富再接新任务。

第三节　理论界的指导

理论出于实践再对实践作指导，

"莱西经验"的产生发展绝不是看教条。

从千千万万实践中认识再认识，

才升华为这理论与实践结合的"三配套"。

深化拓展就是要以此为基调。

实践要深入理论要创新，

创新必须随着时代继往而开今。

深化拓展不允许哪一时刻有停留，

一定要适应着时代与民心。

客观实践需要理论延伸再延伸。

莱西会议周年研讨因时而进行，

参加的有实践者理论界还有领导层。

多方贤达闻人济济在一堂，

多侧面多角度各抒己见捭阖纵而横。

论据充分论证清晰观点更鲜明。

领导胸中有全局居高而怀远，

省内省外市内市外入深又出浅。

从全国一盘棋上提高站位，

链接着世界大势看风云变幻。

稳定"三农"就是稳住吃饭的碗。

党建研究专家从"三配套"里看宗旨，

阐明了建党初衷与"莱西经验"同是一主题。

由远及近从内到外讲得深也讲得透，

从中国特色联系到国际共运史。

党的基层需要稳固再稳固。

来自高校和社科机构资深的教授，

对国内国外"三农"的历史现状都研究。

从农业经济形态和经营体制上放眼看，

讲比较效益也讲利弊劣与优。

"莱西经验"的优势独特要再上一层楼。

老当益壮是那些最初的经验创造者，

经历了从迷茫到清晰的悠悠岁月。

说一千道一万总还要继续往前走，

发展是硬道理什么时候也不错。

继续发扬当年精神再探索。

看资料听介绍学习外地，

切金断玉也要借着他山石。

毕竟是天外有天山外还有山，

天外天山外山各有各灵气。

借鉴融汇拓开了新天拓新地。

综合研讨专题研讨都为再拓展，

条分缕析梳理出若干新意见。

市委、市政府认真讨论理解和消化，

适合的内容就直接入文件。

抓贯彻抓落实重在实践是必然。

第四节　清风甘雨

大地温润是因为有阳光雨露，

春风起处才能够万物复苏。

徐来的清气飘浮着天高云淡，

青山绿水翱翔飞鸟和游鱼。
和谐生态总归能听到那虎啸猿啼。

领导关怀就如同春风吹拂，
也如甘霖喜雨丝丝滋润。
沐浴春风甘雨蓬勃着生动，
看萌动的幼芽长成了参天的树。
芳草如茵鲜花开满地。

沉睡过冬天的大沽河流水淙淙，
都因为大地回暖融化了冰。
潴沽平原一望无际的春种秋收，
就凭着一年到头的细雨和风。
一样一样惠及洼乡和丘陵。

青岛市一个战略提升北部，
省里一个重点双莱一体。
两大决策蓬勃着惠风和畅，
是千载难逢的发展契机。
乘势而上发展得电掣风驰。

多少项扶持多少次排忧解难，
多少个新农村建设的援助项目。
扶贫款发下了一拨又一拨，

脱了贫的村里户里满心满口是感激：
俺们脱贫奔富裕多亏有党有上级。

关怀里饱含着是关注，
关注是因为慧眼能识珠。
"三配套"经验推向了全中国，
是无数次的琢璞方成玉。
上级关怀便是琢玉的神器。

吃百姓之饭穿百姓之衣自己也是百姓，
得一官不荣失一官不辱百姓全靠一官。
内乡县衙的对联说了些什么？
无非是说千百年来官与民同根也同源。
官官民民相与处一年又一年。

清风甘雨时时日日都要珍惜，
何时能风何日能雨有谁能说清楚？
只清楚天地间万物都喜清与甘，
更何况秀美的大青山清澈的月牙湖。
悠悠然还是大沽、小沽和五沽。

关怀如河川流不息，
通达顺畅传接而延续。
是水到渠成还是天时地也利？

第十四章　珍贵的鼓励

鼓励里富含力的元素，

鞭力策力便是加了倍的力。

看那茫茫草原上的万马奔腾，

一匹匹蓬勃着昂扬的朝气。

九方皋正在撰写着他新的马书。

荣誉是精神的激励，

认可更是无声的赞语。

在已知和未知的世界里驰骋，

从主观到客观发散到极致。

利百姓利国家就是利惠人间世。

第一节 进入文件和法律

莱西会议精神写入中央文件和国家法律，

形成了党和政府的行为和意志。

分解成大纲细目就变成了具体化，

"三配套"的内容科学作布局。

落实到基层一级抓一级。

一九九〇年的第十九号是第一个文件，

会议纪要情况精神贯彻要求写得最全面。

《中共中央关于农业和农村工作若干重大问题的决定》中，

加强基层党建和干部队伍建设是重要方面。

都是对"莱西经验"无声的鼓励和嘉勉。

《决定》特别明确指出：

扩大农村基层民主实行村民自治，

是党领导亿万农民，

建设有中国特色社会主义民主政治的伟大创造。

确立民主政治也确立了党的领导。

党的农村基层组织是党在农村工作的基础，

强调是农村各组织的领导核心顶梁柱。

重中之重必须要长期抓下去，

党员带头执行政策带领群众奔富路。

青年妇女民兵组织要提高水平抓具体。

国家修订了《村民委员会组织法》，

规定农村基层组织在党支部核心领导下。

支持和保证村民自治行使民主权利，

依照的是法律和宪法。

依法领导依法行政不能简单化。

《组织法》规定村委会性质、职责和监督，

把各个方面都规范在法律条文里。

在党支部领导下带领村民开拓前进，

心情舒畅把新农村建设得越来越美丽。

让村民的新生活步步上高梯。

领导对"莱西经验"的创成提高最关心。

到基层视察常过问"莱西经验"，

听听深化谈谈拓展推动上高新。

要求不断提高水平保持先进更先进。

在山东工作期间抓的"三篇文章"此其一，

到中央用以指导全国农业农村工作新实践。

全国人大修订《村民委员会组织法》，

参照当年那经验做法作推演。

要有根有据有担当他跟秘书经常这样谈。

第二节　村民自治示范县

一九九〇年九月二十六日这一天，

民政部发出了二十四号新文件。

部署在全国开展村民自治示范活动，

把莱西定为全国村民自治示范县。

其后连续几年评比做模范。

《通知》规定了四方面，

各方面都是要言而不烦。

强调抓好示范的重要性，

提出了省市县各级工作的侧重点。

莱西县自动加压再向前。

确立了示范村的五条标准，

莱西对照检查一条不落直到村。

做示范必须要丝丝相扣真做得好，

制定措施弥补差距千万要抓紧。

做事情就是要让上上下下都放心。

全国村民自治开了讲习班，

地点还在莱西就从十月开始办。

各省市区二百余人来参加，

县委县政府倾心协助创造好条件。

保证各项议程顺利进行做圆满。

莱西安排配合处处遂心愿，

听介绍开座谈交流之后又参观。

进村庄下田野看看农村的好景色，

粮油丰收百果飘香秋光艳。

代表说真正找到了路子开了眼。

《村委会组织法》有了新内容，

与当年颁布"试行"的版本不相同。

明确规定在党的领导下实行村民自治，

必须要发挥党支部核心领导的作用。

这是莱西试点确立的重中之重。

村级组织建设各级都重视，

强调以党支部为核心内容都一致。

山东省委省政府出台了意见，

要求以党支部为核心抓好其他各组织。

促进农村工作全面迈大步。

认真贯彻《村委会组织法》，

莱西纳入了全民普法教育总规划。

再发扬再贯彻深化着试点精神，

联结着办好实事坚持两手抓。

就事论理才能把话说到家。

第三节　举一反三的延伸

举一反三闻一知十是哲人之理，

是种子就能发芽这是农民的常识。

"莱西经验"如种如苗是那么茁壮，

应运而生亲和着五色的泥土。

在哪里就沐浴哪里的阳光和雨露。

全国民兵预备役部队基层建设工作会议，

首长亲临烟台到会出席。

参观现场安排在莱西会议召开的地方，

时间在一九九二年的那个五月里。

黄渤海的浪涛高扬着强军曲。

何其宗[1]副总长率军行进在烟潍路，

军威浩荡气宇轩昂一直向西去。

大军区省军区军委部门都有首长到，

一路上鸟语花香春风马蹄疾。

车轮滚滚漫卷着风尘仆仆。

市委书记丁瑞云[2]武装部政委刘荣[3]等陪同看，

都曾为"莱西经验"产生莱西会议召开做过大贡献。

五十一位将军听介绍看现场点验活动场所，

先后到市训练基地乡武装部和村民兵连。

给予的评价是召之能来来之能战。

---

[1] 何其宗，曾任中国人民解放军副总参谋长，1992年5月23日在全国民兵预备役部队基层建设工作会议期间率与会人员到莱西观摩民兵基层建设现场。

[2] 丁瑞云，曾任莱西县委副书记、县长，莱西市委书记、市长，为"莱西经验"的形成、发展、完善做了大量开创性的工作，1990年8月作为与会工作人员参加了"莱西会议"。

[3] 刘荣，曾任莱西县委常委、人武部政委，莱西市委副书记、市人大常委会副主任，在"莱西经验"形成、发展、完善第一线做了大量细致的工作。1992年5月23日与市委书记丁瑞云一起陪同全国民兵预备役部队基层建设工作会议与会人员观摩莱西民兵基层建设现场。

各行各业各个领域都借鉴，

把党的核心领导贯彻到企业事业政群团。

任何时候任何地方都要加强党的领导，

把党的意志融汇入人们的心里边。

让党的旗帜高高飘扬天地间。

全市政府部门健全了党组织，

内资外资国企私企都建立党支部。

新创建社会组织和民非单位，

必须要有党的核心领导作前提。

绝不让非法活动举着合法的大旗。

教体局乡镇教委各中小学党的组织普遍建，

同样也落实到公立私立的中学和大专。

学生思品课必须与党的要求相一致，

一定要体现社会主义核心价值观。

校风正师德美学生天天向上阳光满校园。

要保证核心是党中心是人民，

稳定基层推进发展健康向前进。

"四个意识""四个自信""两个维护"要明确，

"两个确立"的重大意义时刻记在心。

思想上行动上都要做到实而真。

第四节 不能忘怀的功德

精准施政是责任也是情怀,

正确决策是对人民最大的爱。

勤政为民应该牢记在心中,

决策失误就可能怀下大祸胎。

善政佳绩的好口碑一代传一代。

割不断的历史忘不了的人,

百姓心里有杆秤不信那口铄金。

桂占山[①]赵克志[②]主政形成了发展大框架,

一望无际是可持续的山水田路林。

扎扎实实打下了基础富农民。

张成堂带领班子抓提高,

努力再努力力求好上更加好。

---

① 桂占山,1977年8月任莱西县委书记、县革委会主任、县人武部第一政委,曾任威海市政协副主席。在莱西工作的近9年时间里,团结和带领全县人民大力发展经济和各项社会事业,为"莱西经验"的产生培育了沃土。

② 赵克志,1984年6月~1987年2月任中共莱西县委副书记、县人民政府县长。曾任十九届中央委员,国务委员、国务院党组成员。在莱西工作期间为全县经济和社会事业发展做了大量基础性工作。

联系实际深入基层搞调研，

确立了适合"三农"实际的"三配套"。

明确提出农村基层组织必须党领导。

部门和基层干部工作起来不分昼与夜，

为"三农"奔波操劳费尽心和血。

带领群众生产农产品也生产新经验，

"三配套"就是写在莱西大地上的歌。

问谁知道这歌这曲一波能几折？

"莱西经验"整理完善成文稿，

做成新闻上了广播电视登了报。

文章的功力文思的敏捷必须都具备，

更需要有理论的勇气作先导。

这别样的生产力一定莫小瞧。

功德无量写在了莱西大地上，

每个人有每个人公道的记忆。

大地的耕耘播种着好年华，

岁丰岁余知恩图报也想着五谷。

一日三餐就是盘中的蔬菜碗里的米。

载入了一路的史册，

启迪着全新的经过。

问候和敬重时时都在，

录制了口述的历史旧题新说。

音容俱在也透着矍铄。

关注支持激励，

都是上步连着下步。

蓝本随时都能化为宏图。

第十五章　不懈的探索

勇探新路是总书记的指示，

认真探索要多方面细细去梳理。

新时代的路上到处鲜花盛开，

盛开的鲜花正酿造着甘甜的蜜。

甜蜜的事业还需要靠努力再努力。

路上铺满鲜花生活更优美，

希望的田野谁见也陶醉。

幸福生活时时都有新追求，

芝麻开花就那么一节一节往上催。

创造新生活就在于新时代的新一辈。

第一节 三结合

"三配套"经验涵盖基层全方位，

过细的工作需要仔细分分类。

分类指导才符合科学领导的方法，

"三结合"正与"莱西经验"的深化相伴随。

让经验的条文更多地化实惠。

"三结合"提高了党支部的领导水平，

首先与村委会结合保证职权依法行。

让村委主任放开手脚抓本职，

村里的党务政务明确职责分好工。

讲效率保质量按时去完成。

其次与保障村民行使民主权利相结合，

让党领导的人民当家作主动真格。

选举村委会成员名单都密写无记名，

选好人选能人严禁有干涉。

一应的村务都公开要让村民来评说。

其三与干部素质群众工作结合起来，

机制约束思想教育合理作安排。

干部要处处为群众做榜样，

榜样的力量就是要事事带头成表率。

村里的方方面面都要靠干部带。

"三结合"把村级组织建设作为着力点，

促进经济发展维护农民利益是关键。

干部舒心村民放心各方都和顺，

沿着各自顺脚的路一直向前再向前。

都争着富裕文明风风光光露露脸。

举个例子说说民主日，

干部与村民面对面地说问题。

大河头村干部述职五百多人听报告，

村民提出奶牛场买的饲草款未付。

支部书记耿式资当场许诺秋后都给齐。

七间房村买了一辆小轿车，

民主日上村民议论纷纷挺上火。

都说招商引资迎来送往可以租车用，

日子富了还要当那穷日子过。

村里把卖车钱建起了大棚收入挺不错。

"三结合"把干群关系拉得更紧密，

对村庄的发展治理越来越有利。

干部说话好使事情能办群众信得过，

致富的路上步子迈得更扎实。

分也好统也好都是村民满了意。

第二节　三三制

三个层面各有三个侧重点，

点面相结合有分也有联。

物质自然无限可分开，

事物的有机统一合理也自然。

"三三制"寓理于事题近而旨远。

实施宏观、民主、依法去领导，

突出核心规范最重要。

坚持把方向抓大事听民意，

对全村规划发展定基调。

村级组织协调共事干劲高。

党组织成员和党员都是村一员，

村委会成员和村民代表都可以参选。

依法治村促进了制度建设，

村庄管理上各个方面都规范。

有规矩有职责放开手脚干。

公选、公决、公开的制度抓完善，
既抓换届规范又抓教育立观念。
按例说理具体实在记得牢，
保证了选举效果各方没意见。
新班子新作为开创了发展新生面。

公决制就是让村民来决策，
按程序提出议案就按程序开会同表决。
形成了"四个并举"的村务公开制，
让民主管理真正到位事事有着落。
经验在全国会上作介绍收到好效果。

建立合作、服务、规范"三化"的模式，
经济合作职能服务管理规范成一体。
党支部联村联企把资源配置好，
农业协会形成农业链条从市到村级。
二十多个村庄与企业直接合为一。

为民服务中心实行服务代理制，
村村建立了群众办事代理室。
三级联动上下贯通成网络，

群众生产生活要服务不再是难事。

村规民约合同契约从人到事管到底。

"三三制"因应发展合时宜，

高品位全覆盖开合都有致。

保持连续体现创新体现先进性，

中宣部树为典型推向全国有名也有实。

确认这是党提高执政能力的好措施。

第三节 五化五机制

实行了"五化五机制"，

也是在实践之中求效益。

二〇〇五到二〇一五新探索，

为莱西会议二十周年纪念发言作标题。

与全省农村社区党建座谈同会议。

村级党组织设置差异化，

组织科学领导核心更突出。

联村庄联企业多种模式抓发展，

以强带弱互利共赢求真务实讲效益。

抓住关键建好班子选好村书记。

充分利用"三个课堂"为干部作培训，

要求和考评都按"四有"的标准。

规范村级组织职权范围理顺相互的关系，

完善职责分工举行联席会议携手共进。

面向市场健康发展富裕村与民。

制度化推进了农村基层民主，

构建充满活力的村民自治机制。

实行公推公选和依法参选，

群众意愿同样也体现上级的意图。

一年两次述职接受评议和监督。

发挥党员作用坚持多样化，

党内的激励关爱帮扶样样认真抓。

依托"三个阵地"对党员进行教育，

落实"三项制度"管理约束谈心谈话。

让党的先进性纯洁性永放光华。

多元化发展壮大村级集体经济，

为群众办好事办实事才有亲和力。

宜农则农宜工则工多开渠道多增收，

区域延伸内容增加服务有力度。

用集体收入办公益事普遍受赞誉。

一体化推进城乡协调发展，

城乡结对不再划分行业的界限。

建立有利生产要素流通新机制，

充分利用资金技术人才等各种资源。

多方面培育农村经济增长点。

"五化五机制"让基层基础更牢固，

党在农村的执政地位更坚实。

农村经济发展和新农村建设步伐快，

村民自治当家作主更加富生机。

战斗力凝聚力吸引力都在党组织。

第四节 一统领三融合

以组织振兴统领乡村全面振兴，

强化平台思维生态思维融合共赢。

构建发展融合治理融合服务融合大体系，

农村工作和衷共济顺水顺风。

奋进新时代踔厉奋发勇毅前行。

抓党建就是抓全局，

真抓实做就是要有硬措施。

赋权增能让镇街工作有了硬抓手，

多方呼应联合行动成机制。

提升统筹功能领导更得力。

优化调整区域内村级组织，

行政村由八百余六减少到百十一。

党组织书记依法依规兼任村主任，

新村党委统一领导成体系。

基层组织全面优化顺了新机理。

平台思维下好产业振兴先手棋，

各村庄"三资"融合为夯实发展打基础。

生产要素优化配置促进生产方式再转变，

组织力加市场力构建起了一加十二经营体。

党组织加公司合作社村集体连农户成为模式。

让农业与工业化城镇化同步发展，

剩余劳动力转移到二产和三产。

工业集群化园区化与社区化相融汇，

两带展开了八区支撑起产业气象万千。

获评全国创业创新示范基地和全省进步县。

精准服务有了新理念，

城乡融合同频共振稳步发展。

着力提升乡村治理的现代化水平，

标准化综治中心三级都规范。

环境优化美丽村居全省评比争了先。

一统领三融合强化了党的全面领导，

优化设置增强功能基层组织形成了链条。

健全新村党委议事制规范决策程序，

党群服务中心下沉服务的质量步步高。

推动了集体经济转型升级上新道。

实行网格化构建乡村基层治理新格局，

对网格内实施全方位动态服务。

配齐配强网格党的负责人和网格员，

多网合一一网统筹完善深化村民自治。

道德积分的超市为精神文明建设搭建新高地。

三十余年来的实践探索，

一步一步延伸着精卓，

一路上收获着拓展的丰硕。

第五部分　欢庆二十大的合唱

第五部分　欢庆二十大的合唱

十一月的风为何暖如春?
十九届六中全会传来好声音:
二〇二二下半年召开党的二十大,
莱西市大地献瑞蓝天飞祥云。
山欢水笑到处是欢欣。

"三沽"结伴报喜讯南向黄海,
"五湖"牵手激扬着欢舞开心怀。
白鸥丹鹤五彩锦鸡张开翅膀,
为梅花山披上绚烂的绶带。
漫山遍野的鲜花都为二十大盛开。

向二十大献礼要用实际行动,
各级各方面争先创优立说立行。
建立起市镇两级干部调研和实践机制,

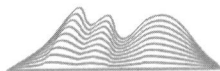

四千多名机关干部下沉到基层。
沸腾的乡村到处都是发愤的身影。

工人农民怀揣着心中的喜悦，
在各自的岗位上开创新的生活。
迎旭日送夕晖生产着新产品，
飘香的果实出厂的成品登上了高速列车。
把最优质的产品献给伟大的祖国。

广场上跳起欢快的舞蹈，
大路上唱起意气风发的歌。
少年儿童青年壮年大爷大妈，
那脚步那嗓门那音质多么和谐。
唱不完舞不尽的都是美好的生活。

第十六章　青山清韵

绿水青山就是金山银山，

青山隐隐延绵着祖国的幅员。

绿水迢迢流淌着财源滚滚，

劳动着的人们把时代颂歌唱得好甜。

用双手创造着幸福人间。

因地制宜活跃着人民的智慧，

宜粮则粮宜林则林宜果则果宜兼则兼。

制约经营深度开发的旱田薄地，

都成了产出优质名品的肥沃田园。

科物政协调统一化作一派富美无边。

一

红色基因更生了马连庄原野的肥沃，

传统种植加现代科技助推了飞扬的绿色。

喜人的五谷丰登六畜兴旺，

漫山遍野开遍繁花结满硕果。

优质名产让众多客商提前订货。

新品种高档次的园区里，

是农民群众科技人员和乡村干部。

一年四季忙种忙管忙收忙运，

育苗中心检测中心服务中心有多忙碌？

倾注着对"三农"的满腔心血和无限情愫。

"马连庄甜瓜"打出了响农产的牌子，

不断提档不断升级不断提高附加值。

有了农业部农产品的地理标志，

进入全国名特优新农产名录。

"瓜果之乡""甜瓜小镇"名归实至。

许许多多的村庄发展了甜瓜大棚，

必须有完备的服务设施才能相适应。

三百亩果蔬批发市场平地隆起，

交易存储托运停车连带食宿。

还连接青岛市百万亩优质蔬菜地。

河难渡让西巨家村古今都为难，

一村的土地隔在了河两岸。

涉水历险世世代代担惊受怕，

如今是百姓事连着党心由党筹划。

架起金桥欢庆党的二十大。

市镇村主要领导都关心，

爱民工程看三级书记下力抓。

山东高速心系百姓送关爱，

百多万元投资连同设计施工全包下。

无偿援助爽爽快快没二话。

全钢结构架起了一座桥，

跨越大沽河横出了绿色大通道。

耕作往来从此不再担心雨大水流急，

心中的感动就如同江海涌春潮。

千恩万谢感谢党的好领导。

二

小沽河从进到出流淌了一路，

出彩迷人的大青山掩映着青山湖。

群山巍峨都是苍翠碧绿的天然氧吧，

物华天宝人杰地灵的重镇是南墅。

看似平淡无奇却真正无与伦比。

丰富的矿藏是金子的故乡，

黄金黑金（石墨）白金（透辉岩）都是富矿。

保护生态优化环境不能有疏忽，

开矿有序还绿于山打造无限风光。

为当代也为子孙后代熔铸着源远流长。

人类与自然和谐共存是名言至理，

全镇干群共同守护坚定不移。

黑虎山小流域治理治出大成效，

建塘坝修梯田挖坑覆土植草又种树。

十余平方公里的水土从此不流失。

与三十多处旅游新景点连成一片，

吸引着四面八方的游客纷至沓来寻休闲。

烈士塔古战场始祖庙芍药谷还有那槐花节，

留下了多少都市丽人倩影少女少男。

不负绿水也不负那蓊郁的山。

南墅石墨矿区闲置了许多旧住房，

老建筑风韵通透着往日辉煌。

学校医院职工宿舍还有跳舞唱歌的俱乐部，

要让这沉睡的资源重整旗鼓出梦乡。

投资赋能注入了重生的新能量。

影视行家看中了这难得的场景，

投资者的考察倾注了热切的目光。

几经谈判达成多方合作协议，

青山湖影视基地紧锣密鼓隆重开张。

已有的热剧早等着拍摄开开场。

基地核心拍摄区域面积八百亩，

外景地是那七万五千亩的大山岗。

曾经的矿用铁道装扮成了老济南火车站，

家属楼院化出了民国的街巷。

新装修了明星公寓群演公社用餐食堂。

十多个剧组陆续进基地，

开拍的哨音接着便吹响。

《特殊替身》《无形猎手》^①抢占先机，

待机拍摄的号排得还有那么长。

观光旅游增加了新地方。

三

大美日庄半环着莱西湖波光粼粼，

百分之八十的村庄都是产芝库区搬迁的民。

条件差底子薄多少年只贫没有富，

青岛市经济薄弱镇有二十个省定贫困村。

多年来扶贫救济治穷赶富直到现如今。

四月的天气梨花相约一起开，

万亩梨园洁白如雪着实惹人爱。

从西南隅的堤上村一路向东北去，

就像是天上织女抛下来白绢把地盖。

吸引着赏花者四面八方齐拥来。

梨花节作为镇上一个大品牌，

是展示富裕文明的好看台。

---

① 昭彰正能量的影视大片纷纷抢占先机。

遍植梨树的村庄就像过节日，

敲起锣鼓唱起大戏彩绸舞起来。

特产美食都往显眼的地方摆。

五子埠后的火烧付家庄芹菜，

莱西湖的湖鲜让客人吃得喝得都畅快。

库区移民馆成了节庆的观光点，

艰苦奋斗事迹激励着万千新生代。

瞻仰着岁月流年慨叹那几度梨花白。

春天漫山遍野看梨花，

秋天挂满了树的大梨也好卖。

香飘百里的精品优质梨，

一亩收入两万三万元有的还开外。

积攒着买车买房花钱不用贷。

因地制宜扶持了所有贫困户，

葡萄苹果大梨等成了脱贫的摇钱树。

施肥剪枝授粉等项管理措施有指导，

二三年收入就摘掉了穷帽子。

栽了树结了果从根到梢都是富。

乡村旅游如同那无尽的歌，

城镇化的不断扩大助澜又推波。

休闲的日子总愿意走一走热恋的大地，

来时的路还是那么依依不能舍。

临回去也不忘记上树采摘下地掘。

干鲜水果带着那枝和叶，

刨了地瓜芋头拔了脆萝卜。

还摘了几个上了面的大南瓜，

直到装不下那坐满人的车。

这新鲜劲儿哪里的超市也买不着。

第十七章　沽水古风

大沽河流淌着千古沧桑，

奔腾着一域之民的古道热肠。

记录着人民千古创业的历史，

托举着人民群众无限的追求和向往。

踏着新时代的节拍走向新的辉煌。

哦，大沽河冲积平原上的集镇乡村，

欢庆二十大的歌声一浪高过一浪。

大律清韵是那么激动人心，

丰硕的成果飘散着诱人的芬芳。

灿烂的远景是那么令人神往。

一

连绵大雨陆续把莱西湖注满，

蓄水泄洪很快成为观光的焦点。

大坝下水集街道产芝湖新村，

开拓进取的目光随着洪峰渐行渐远。

知与行不断推导着新的创建。

市委、市政府决定开放百个村庄，

面向全社会招募乡村振兴合伙人。

这又是一个新的发展机遇，

多位红色合伙人进入产芝湖新村。

乡村振兴示范片区岁月流金。

产芝，一个远古的村庄，

古人类遗址诠释着远古的渔猎农桑。

多少年多少代的沧桑演化，

如今的旧建筑修旧如旧彰显往日风光。

时代文明融汇着进士第的大门高墙。

诸多特产名品富裕了一个个自然村落，

富硒麦子飘香丰美了"马氏饽饽"。

仙足山的绿茶樱桃桑葚板栗，

醇和着一个个美丽的神仙传说。

将军和诗人的老屋唱出了新时代的歌。

水集的原名叫水沟头，

城市核心区域紧跟时代大潮流。

发挥独特优势展现着大担当，

培植新业态发展夜经济满足诸多消费需求。

从实践抓实干重实绩不甘落后。

市场夜经济广场夜文化都市夜生活真是潇洒，

党建引领让外观内看都蓬勃着繁华。

解文卿烈士事迹激励一代又一代走向未来，

焦裕禄雕像矗立着党为人民谋幸福的不朽生涯。

党史馆珍藏播火者艰难历程的暗夜朝霞。

胶东第一大集集散着各地客货，

早市日市超市夜市因势而扩。

胶东民俗馆展示着农耕文明的演进，

失地农民或务工或经商经营着白天黑夜。

新市民的腰包和腰杆子一样挺括。

意识流流行着求知的渴望，

读书和书法绘画音乐演艺各有繁忙。

富裕文明积淀着文化的丰厚，

合纵连横排练出二十大的欢畅。

脚底下心里头涌动着欢乐的海洋。

二

沽河街道延长了牛溪埠乡的家园，

蓬勃着村委会组织法试点的历史积淀。

老骥伏枥至今焕发着蓬勃的余热，

神骏乌骓万马奔腾志壮云天。

载着规划载着宏图也载着发展。

探索新村党委加合作社的模式，

把党组织与众多农户连在了一起。

广大果蔬专业合作社深加工项目层出不穷，

推进着集体经济增长生生不息。

农民收入水涨船高生活更殷实。

村集体经济增收示范园大有作为，

订单农业纵横连接多方能量借势发挥。

土地流转推进新经济体的发展壮大，

遍地开花结出了硕果累累。

三产融合让无边的原野更加明媚。

打造五星级食品产业聚集区，

为建设胶东半岛经济隆起带贡献沽河的力。

坚持问题导向聚焦精准施策，

繁荣的乡村振兴着无限的生机。

全街道千百家农人农企发奋进取。

支部夺旗干部比武党员摘星，

三农的田园刮起了比学赶超的风。

下沉一线开展工作近距离接近群众，

听取意见解决问题雷厉风行。

抓项目找订单引进人才助推乡村振兴。

以奖代补展开人居环境整治，

一时美变为时时美活出扬眉吐气。

推行德治和信用一体化星级评定，

摘星者有了好名声也得到了高奖励。

乡村文明丰满着金色大地。

山后人家的数千亩田园，

假日间便是孩子们的乐土。

起垄锄地种菜割谷的农耕实践，

体悟着谁知盘中餐还原粒粒皆辛苦。

寓教于乐陶冶着心灵熔铸着美丽。

采树叶拼美图锤炼陶土制罐，

沃野上飞扬着艺术的浪漫。

少年的好奇带着梦想从这里出发，

追求在放松心身中扬起了风帆。

健康的成长总是得益于健康的童年。

三

一个联合社种了全镇的地，

走出一条现代化农业踏实的路子。

打通农业生产经营的各环节，

是院上镇践行"莱西经验"的一大创举。

优化产业链把农户连成大业主。

以新型集体经济组织为载体，

实现了对农民的再组织。

分散单项的服务变成全方位，

让农民群众在实际上获得多益处。

党的领导化成现实的凝聚力。

选干部推理事严格规范按规矩，

理事监事干事三权分立管着各层级。

三级组织架构连起百余自然村，

生产要素综合利用形成一种大优势。

土地托管利益进家各方都满意。

联合社成为农民共富公司，

三级联动综合管理资源整合产销统一。

全市这样的合作载体已经发展了上百家，

组织起来的力量通向市场大领域。

人民富裕幸福是着眼点也是目的地。

现代农业示范园里出精品，

规模化品牌化产业化创造奇迹。

做大做强做精做特做融合，

智慧农业绿色发展就靠新技术。

市场欢迎客户满意推动着高收入。

葡萄种植的新优势在于好品种，

源远流长的两河之水浇灌着传统。

大田里大棚里满架结满了珍珠玛瑙，

从北到南蔓延一路都是绿色的风。

点缀着紫的绿的红的黄的通透着晶莹。

葡萄架子增高了九顶山，

山顶上建起葡萄美酒新庄园。

德国客商德国企业德国酿造法，

借助这山川秀美风清气润造出酒的高端。

熟透的葡萄落了架直接进车间。

美酒飘香陶醉了金秋十月，

丰收喜报飞向二十大谱成了新的歌。

欢庆锣鼓激越着千杯万盏也不醉，

举起杯向着大地向着北京向着伟大祖国。

繁荣的乡村充满着富裕文明民主通透着和谐。

第十八章 潴河和乐

潴河，发源于莱阳向莱西流淌，

"双莱"携手书写胶东中部崛起的文章。

率先发展共同发展形成聚合力，

跨区域一体化展开了奋飞的翅膀。

潴河流域开拓进取又一个新走向。

龙泉湖之水浩浩荡荡南向大沽，

载着理想载着宏图奔向诗和远方。

经济开发区通连着镇和街道，

同心同德建设着事业腾飞的缤纷长廊。

新的情怀新的亮点迎着新的曙光。

一

河头店镇东大寨村苹果丰收节，

今年的举办已到了第十届。

恰逢着党的二十大胜利闭幕，

欢庆的锣鼓和着唢呐声动百里长河。

激动人心的场景再次上直播。

东大寨在莱西的东北边，

小康示范村尽是好山好水好田园。

土壤里最富益于水果生长的有机质，

苹果种植的历史已经几百年。

地理标志着秋风起处飘出香脆甜。

花大色艳的年宵花也叫蝴蝶兰，

在胶东中心繁育交易着蔚然大观。

智能化阳光暖棚里四十多品种三万余株，

趁春节摆上城乡居民的客厅大房间。

还进了多个国家驻华大使馆。

带着果香带着美丽带着亮点，

互联网加自然生态连着节会成串串。

湖畔乡村旅游奏响了渔光曲，

三产融合发展成为新典范。

生产加工着农旅形成发展新观念。

新村新业统筹着各类资源，

稳岗位稳就业稳定着收入来源。

求职的用工的各得其所，

岗与人都追着疫情缓解不再消闲。

农工商贸建运储诸业宏图大展。

农业规模化产业园区化形成机制，

平台公司联村结户经得起市场风雨。

整村流转土地利用率有效提高，

让农户增收村集体增强都在扩充实力。

百余平方公里的乡村原野到处蓬勃着生机。

治理服务提升了宜居幸福感，

龙泉湖新村富美着居民新家园。

红色管家队伍构建三级联动成体系，

管理服务一窗口受理与群众点和面对着点和面。

实打实地帮助实打实地解困难。

公共服务配套设施因需施策越来越完备，

一应的物质需要和文化追求都齐全。

龙泉云堤露营部落篝火与烧烤燃旺了游人，

家门口的风景推为亲子亲友作为休闲。

丰满着生活时尚生活方式生活新热点。

二

经济开发区持续进位动全省，

双招双引获得了专项考核第一名，

综合发展评价水平名列前茅，

中小企业专精特新有三十八家被认定。

经济领域做大做强也做精。

先进制造业食品加工业总是在前沿，

万图明生物道一空优产品成高端。

省和青岛商务、科技部门给予高评价，

为区域经济发展作出大贡献。

稳定了就业保证了安全搞生产。

把"莱西经验"引进企业促进发展，

用党建链串起了产业链。

在产业链上建立党建新联盟，

互联互融互通互促同频共进抱成团。

打造高质量高水平的新样板。

成立外资企业联合党支部，

从实际出发建立不同形式的党建阵地。

让党旗飞扬在企业发展大道上，

新理念源源带来项目资金和技术。

产业融汇推进着发展加速再加速。

三项机制夯实了基层党建体系，

破除四个壁垒提升了企业核心竞争力。

党员和业务骨干双向转化对流培养，

是党员也是骨干在哪里都是一面旗帜。

"六维共建"形成村企结对双向支持好模式。

村庄与公司行会签订了共建协议，

龙水文化节真正是文化搭台经济唱戏。

节庆期间的活动前后共十天，

文艺表演伴着名优特产展销带动经济。

丰富了文化生活也增加了收入。

村名连着河名都叫七星河，

七星河的美食引来四面八方的客。

七个自然村一村多品形成民俗风情一条街，

连着商贸连着文化连着繁荣的夜生活。

魅力新龙水幸福七星河唱出了新村的歌。

村民发家致了富，

记下了第一书记张建东的大功绩。

听民意引项目化解矛盾结友谊，

领导村级组织当好农民的主心骨。

知与行让百姓尊敬又佩服。

三

望城曾经是一座理想的城，

客与货都从火车站中转了半个胶东。

如今高铁合着绿皮车更增新运力，

凌空的动能迎着旭日浩荡着万里东风。

在新时代的奔驰中愈加繁荣。

火车站新旧交替遗留了低效片区，

老旧的工商储运企业遗存百余宗土地。

近二十九万平方米的房屋涉及拆迁，

腾笼换鸟要先从这里加大力度。

都是市街领导和工作人员艰苦努力。

十五平方公里高铁新城规划了总体，

前期工作开局就是决战起步便要冲刺。

信念的力量激励着所有的人，

攻坚克难综合施策依法用情下足了细功夫。

多部门多方面携手并肩协同一致。

讲效率讲速度讲公开公正倒排工期。

工作到位推进质量提高排除种种梗阻。

拆迁清障工作做到哪服务就跟到哪，

五个月完成任务一色零上访也零投诉。

一片平整的土地展开了招商引资。

借助高铁新城展开产业布局，

街道发展依托在市区规划里头迈开大步。

引进改造创建高质量产能空间，

各种高新企业在这里纷纷落户。

新技术新业态在这里龙盘虎踞。

山东文化产业职业学院来自仙境，

国际足球学院带来了意大利的风。

两所高校前者师生近万后者加紧建设，

助力产业升级打造文化体育之城。

各类的人才摇篮正如日东升。

街道推行三级网格化管理，

定人定责横向到边纵向到底。

标准化精细化常态化形成缜密之网，

压实责任保证发展成效卓著。

人居环境更需要有效整治。

广大农民为工为商为学生产着食物，

心乐农场代表品位也代表优质。

种粮菜种瓜果养鸡养鹅也养猪，

得到省无公害农产品认证上了电视。

乡村之星为城乡供应的全是有机。

第十九章　大洼大赋

姜山洼十年九不收一收吃九秋。

古老的俗语而今合着大洼赞歌传遍神州。

新时代的大机遇带来大发展，

洋洋洒洒的五沽水承载满满的乡愁。

历史翻开新一页展现着伟业宏猷。

百里大洼创造的奇迹过去想都想不到，

飞机能培训汽车也能制造。

这小镇那小镇日夜推进着产能产出，

制造储运加工大批整体内联外销。

就业创业的劳动大军涌动春潮。

一

曾经的农业大镇崛起了特色的城，

千亿级汽车百亿级医药聚集着产业繁荣。

姜山镇的大洼面貌如今改变了模样，

青岛四大战略节点镇是莱西南强的战略支撑。

党建引领统筹城乡蓬勃着亮丽风景。

深化拓展"莱西经验"连接着红色根脉，

胶东第一个农村党支部传承着党建引领。

便民利企的服务员职业化形成机制，

六联六规范让基层治理不断提高水平。

思想合力组织合力治理合力发展合力集中提升。

抓园区兴工业最需服务优质，

工作细力度大为健康快速注入动力。

优越的发展环境让众多企业安居乐业，

专精新特和创成技术踊跃纷至。

以产兴城以城带产助推了多方收入。

工业化城镇化农业现代化融汇发展，

突出建设示范片区以点带面。

共富公司链接着多方资源利益共享，

六条路径带动集体和农民收入直上高端。

一镇之民创造着更加美好的明天。

姜山新村发挥着镇中心的区位优势，

融合资产让公共资源化为生机。

村之内的五十余家企业都是财东，

优势企业投资修整利用了旧房产的闲置。

办成新厂源源产出了万千财富。

众合公司高质量绿化美化精心装点着环境，

让居民让企业天天看着满意想着高兴。

秉持"二衙"遗风打造夜晚的街市，

美食节开发的商户顾客摩肩接踵。

看看那生意兴隆富满门金满户。

汽车产业园研发多种系列产品，

向着打造全球新能源汽车高地大步迈进。

产业链联结着上游下游诸多配套项目，

建链延链补链强链的链式效应梦想成真。

集群发展抱团经营最可喜万众一心。

龙头带动起汽车零部件产业，

在汽车产业园的园中园里加紧建设。

致力于形成汽车关键零部件集散基地，

拔地而起的厂房已经见到了规模。

边建设边订货早就与多家客户签了约。

二

曾经是青岛到烟台的主要通道，

沿途重镇历经了多少沧桑多少深幽玄奥。

如今的夏格庄镇依然沟通着南北东西，

高铁穿越传达着大时代东风呼啸。

前进的节拍律动着青春浪潮。

与青岛地铁集团战略合作协议签约，

高端制造在青岛北部开创了又一宏业。

国企投融资集聚资本市场运作优势，

绿建基地正催生新的园区城郭。

千古大洼欣欣向荣奋飞在希望的田野。

"提着篮子选菜"聚焦智慧的号角，

新一代信息技术产业开创新高。

智造和中小企业产业园产业集聚，

文锦苏华点石超锐纳米等项目各含精妙。

超前与高端标志着全新的风貌。

企业发展昂起了腾飞的龙头，
农业产业为大洼铺满五彩锦绣。
粮食油料蔬菜丰收景象呈现于百里洼乡，
旱作稻连接当年洼改的灌区风流。
大洼大米一碗碗盛满了乡愁。

"夏午茶"聚焦服务功能提升发展环境改善，
搭建与企业的交流平台构筑心与心的联结。
随时根据企业需要服务这里那里，
二十四小时值守五到十分钟到位成为习惯。
不论是融资用工还是保证水与电……

借鉴深圳经验移植到本土，
整合村级岗位资源提高网格员待遇。
规定条件公开选聘不徇私情，
年龄合适还须有相应的工作能力。
讲政治懂乡情尽职尽责也明白事理。

青云微网格打造为老龄化空心化的服务平台，
给老年人进进出出有事没事送上关怀。
全镇五十户一个微网格一名网格员，

白天有事晚上有事随叫随到来。

村民的生活充满阳光心里也自在。

获得了中国新型智慧城市创新应用智佳奖，

上了省惠民优政社会治理优秀第一榜。

《人民日报》等十余家大媒体作了推介，

学外地经验成就了本地的强。

最大的荣誉是村民的认可和赞扬。

三

桃花寨的古韵桃花乡的风，

桃花盛开的店埠镇拔地凌空。

三沽的河水于此汇总，

冲积平原播种着百业俱兴。

勤劳朴实善良勇敢都是风土人情。

航空产业成就了一派独有特色，

航空制造航空运营航空食品变得火热。

航空文化特色小镇闻名遐迩，

示范区的优质名牌一拨接着一拨。

载着乡土载着风味载着情感走向全国。

把项目引进作为经济发展的重点，
专业化市场化招商涌动着壮阔波澜。
泛美通航万丰钻石赛捷公务机等纷纷入驻，
航校专业因需设置师生鸿志共向蓝天。
长风万里为中华民族伟大复兴多做奉献。

国家级通航产业示范区声名响彻云霄，
航空飞行营地也是国家级设施齐全高超。
训练和旅游项目让专业人士与游人纷至沓来，
特色产业拉长特色链条谱成特色基调。
各行各业借势而上各有快车道。

胡萝卜与脱水菜等许多全省知名品牌，
绿色发展产教融合研究生培养基地安营扎寨。
五个村庄被评为省级乡土名品村，
蔬菜批发市场农产品加工园区继往开来。
新田园新技术新产品向内也向外。

农产品抽检保证质量安全，
农业服务中心深入田间随机查验。
把问题解决在生产过程之中，
及时消除农产品安全的风险隐患。
粮袋子菜篮子果盘子质优价廉。

优化镇村公共资源创造新环境，

建设创业与休闲富有现代感的民心工程。

硬化道路绿化街区修建广场打造公园，

重开百年老集弘扬店埠商贸古风。

动人风景舒心乐愿缤纷律动。

村委原办公室的房屋成了村史馆，

老旧物品记忆着村民创业的昨天和今天。

让历史文化更好地发挥教化淳化作用，

坚定信念凝聚民心撸起袖子加油干。

追求美好生活建设美好家园。

第二十章 丰收的喜悦

秋风送爽昭示着一年的总结，

金色的土地上到处都充满着喜悦。

欢庆二十大一次次敲响了锣鼓，

学习二十大贯彻二十大唱着奔放的歌。

丰收的账本翻了一页又一页。

三集樱桃两集蒜麦熟一晌就开镰，

樱桃红了大蒜除了隆隆机声响彻麦田。

金色的麦浪顷刻间化作金色的麦粒，

颗粒归仓一车车装满了高产。

岭上早熟洼区晚成从北熟到南。

收完了麦子夏播玉蜀黍，

玉蜀黍也叫玉米种得密植而合理。

茎叶绿缨子红成熟的棒子成了金黄色，

亩产达到八百公斤还是保守数。

加上小麦两季统算达到吨半还不止。

远近闻名的花生主产区，

产量品质人均占有全国数第一。

今年的产出超过了往常年，

总产增单产增籽粒饱满提高了出油率。

誉满中华香满世界颐养着生机。

风清气润土肥水美优质着瓜果蔬菜，

不分山岭平原洼地不论季节边种边采。

大棚里的小气候调节出应时的温度，

什么品种什么时间要刨便刨欲摘就摘。

大冬天想要春天的风物请到此间来。

烟台苹果莱阳梨潍县萝卜天下知，

处三地之间共三地风色一如三地共优质。

香甜的水果柔糯的干果应有尽有，

杏桃李梨葡萄苹果板栗山楂随季下树。

旅游的客人采购的车辆往来络绎。

畜牧业占了农业全局一优势，

养殖加工重点是生猪奶牛蛋禽鱼。

根据市场需求扩大奶山羊发展规模，

新项目接着老项目连峰而起。

步步优化着大农业间的产业比例。

中国农民丰收节传出好消息，

"大国农匠"郭安磊[1]出自万福公司。

今年农业大丰收来得实在不易，

先是新冠冲击后又连日大雨。

抗疫抗洪保丰收都是当务之急。

曾经久旱不雨开年便一场场来得欣喜，

浇灌了遍野的春田丰收了麦子。

到夏秋之交却是不住流地下得很大，

路毁桥断堤坝损坏内涝了垄亩。

各级领导在防汛抗洪一线操心劳力。

工商运建服各业加大力度，

抢时间抓机遇提高效益。

加快发展加强销售加大生产规模，

---

[1] 郭安磊，青岛新万福食品有限公司养殖场技术员，2022年9月获"大国农匠"全国农民技能大赛"种养类能手一等奖"。

出口和内销双管齐下开拓进取。

丰收的喜悦与企业的高效融汇在一起。

锚定胶东半岛中心经济隆起带的目标，

坚持工业强市产业兴市毫不动摇。

大力实施南强中优北美的发展战略，

以新兴产业为主走上金光大道。

到处高扬着高质量发展的进军号角。

累累硕果表达着市委、市政府的决策，

立足资源厘清思路实现更新的跨越。

人民阅卷看到新一年成绩又刷新，

在力挽狂澜中赢得了满满收获。

"莱西经验"深化拓展就在于新路的探索。

尾声

当我写完了，
这史诗的最后一行，
时间就在二〇二二，
与二〇二三的交汇点上。

关上电脑推开窗户，
吸一口远方来的清新空气。
看到了，
新一年的第一缕阳光。

我的思绪随着清风，
穿越了无限的历史时空。
经过了五湖四海三山五岳，
登上了那一刻的巅峰。

"登东山而小鲁，
登泰山而小天下。"
两千多年前的青年孔子，
发出了历史的慨叹。

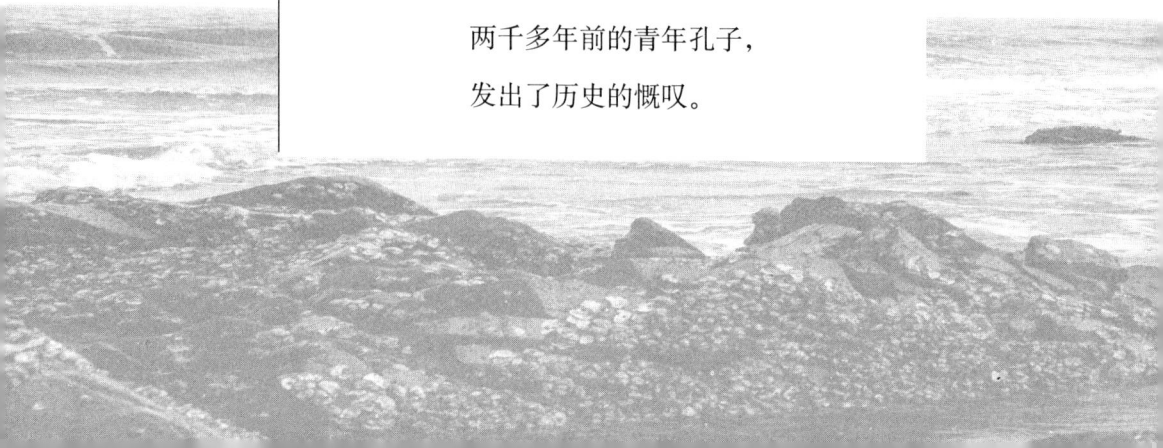

我不禁仰天长歌：
"哦，先见，先见。"
如此而已，
旷世而玄远。

路漫漫其修远兮，
吾将上下而求索。
三闾大夫的声音天外飞来，
我只听见了"开拓，开拓，开拓！"

"莱西经验"，
在祖国广袤的大地上，
枝繁叶茂，
如挺拔的白杨。

中国共产党的阳光雨露，
滋润着英雄的土地；
照耀着，
白杨的挺拔与流畅……

附录

莱西会议①赋

　　悠久莱子古国，万物竞秀；富饶卢乡故邑，人杰地灵。五湖激浪扬波，三沽毓绿奉青。百里姜山洼粮油瓜菜，千尺大青山林果禽牲。人文数千年，党史纵和横。时维八月，岁在九〇，莱西会议，如期举行。青岛北部风和日丽，胶东中心②笑语盈盈。

　　改革开放，关键在党。东西南北中，唯党是保障。支部在农村，党员分布广。贴近农民，服务农业，和谐农事，熟知农况。莱西县委，审时度势；从真务实，不负民望。党支部为核心，"三配套"③聚能量。村委青妇民兵连，合作组织连市场。支部为统领，形成战斗堡垒；党员联系户，托起人心思上。致富路上不使一户掉队，希望田野纷呈繁荣兴旺。

　　民为邦本，言之谆谆，治世至理，自古而今。党之于人民，似船之舵；人民之于党，如树之根。人民有党路不迷，党离人民根不深。真知出自实践，发现在于躬亲。党中央决策，总结经验；举全国座谈，研确论真。五部门联合措施；各层级领导莅临。典型交流，全面介绍；实地考察，入户进村。田间看农作，畅谈服务；家中话收入，实满仓廪。干部说，不负重托；党员道，不忘初心。会议主旨明确：巩固基础抓基层；《纪要》言简意赅：立党为民聚精神。

各地迅速行动，各级全面贯彻；部署争分夺秒，心情急如星火。宣传推广，报刊广电报告会；学习取经，实地考量昼与夜。组团结队，参观者道是及时雨；依次分批，所到处感觉真本色。二十四省区，辽黑云贵：百六五县市，齐楚吴越④。走进来究根问底，带回去开花结果。亦琢亦磨体验，因地制宜；亦切亦磋拓展，力创新作。

伟大创造⑤，应运而生；莱西成就，改革先锋。江海潮起潮落，日月亦昃亦盈。进入新时代，勇探新路程。再出发，坚定"四个自信"；更创新，力推"五个振兴"⑥。坚守人民中心，播撒中华民族百业兴旺；撸起袖子加油，收获山原万里五谷丰登。

注：

①1990年8月5-10日，中共中央组织部等五部委联合在莱西县召开全国村级组织建设工作座谈会，总结推广了莱西县加强以党支部为核心的村级组织配套建设的经验，从理论、政策和制度上确立了以党支部为领导核心的村级组织建设工作格局，史称"莱西会议"。2013年11月，习近平总书记在山东考察时说："发端于莱西的村级组织配套建设，在全国起到了很好的示范引领作用。希望山东增强进取意识，勇探新路。"2018年12月18日，党中央在北京召开的"庆祝改革开放四十周年大会"授予莱西县委组织部原副部长周明金同志"改革先锋"称号。笔者时任县政府办公室副主任，与各级领导和有关人员一道参与并见证了"莱西经验"形成的全过程。

②莱西地处胶东半岛中部，为山东省辖青岛市代管的县级市，商周

时属东夷莱子国，汉为卢乡县；五湖、三沽分别为市内的五个水库和三条河流；姜山洼、大青山为南、北部两个地名。

③"三配套"是"莱西经验"的主要内容，即：以党支部建设为核心，搞好村级组织配套建设，强化整体功能；以村民自治为基础，搞好民主政治配套建设，启动内部活力；以集体经济为依托，搞好社会化服务配套建设，增强村级组织的凝聚力。

④全国村级组织建设工作座谈会结束后到当年年底，共有24个省区91个地市165个县（市）323批6157人次到莱西参观学习，后又陆续多批前来。

⑤《中共中央关于农业和农村工作若干重大问题的决定》指出："扩大农村基层民主，实行村民自治，是党领导亿万农民建设有中国特色社会主义民主政治的伟大创造。"

⑥"四个自信"即道路自信、理论自信、制度自信、文化自信；"五个振兴"为习近平总书记在十三届人大一次会议参加山东代表团审议时提出的实现"乡村产业振兴，乡村人才振兴，乡村文化振兴，乡村生态振兴，乡村组织振兴"的科学论断。

2019年1月21日

我在"莱西经验"形成和"莱西会议"召开期间的工作经历

2013年11月，习近平总书记在山东考察时说："发端于莱西的村级组织配套建设，在全国起到了很好的示范引领作用。希望山东增强进取意识，勇探新路。"总书记关于"勇探新路"的教诲在理论上和实践上的意义都是非常深远的。

我是1982年春天到县委宣传部做新闻报道工作的，1985年3月调到县政府办公室，先后任秘书、综合科长、分管文字的副主任等，工作一直围绕县委、县政府的中心任务做着采访、调研、写作和组织班子进行全覆盖系统性的文字撰写，上呈下达，纵横交互，认真细致地全方位观察、了解、参与、把握事物、时态发展的全过程，在身与心的历练和体悟中感觉开创"新路"必须是要"勇探"的。没有"勇探"，就没有"新路"，这是规律，也是真理。以大无畏的勇气和进取精神排除各方面的干扰和阻力，不畏艰难，坚忍不拔，一往无前，勇于攀登，"新路"才有可能探得出，走得通，行得远，进而展现出辉煌的成就、耀眼的光芒和无穷的魅力。

实践—认识—再实践—再认识以至无穷，这是马克思主义认识论的一个基本观点。"莱西经验"从萌芽、成长到完善、深化、发展的历程同样证实了这一点。

"莱西经验"是在莱西全县实行土地家庭联产承包责任制之后的大背景下产生的。在这个大背景下，莱西县委、县政府特别重视通过调查研究探索新形势下加强党和政府对基层工作领导的有效办法，走出一条保证农村稳定、农业发展和农民富裕、农家安居乐业的路子。1985年冬天，全县抽调干部组成了9个工作组，按不同内容分头到各乡镇进行调查研究，深入到村，了解情况，研究问题，总结经验，找出带有普遍性的规律以指导工作。

我作为政府办公室秘书当时也参加了一个组，调查研究的主要内容是林果业发展存在的问题和加快发展的对策。组长是组织部副部长张岐山，副组长是林业局副局长乔国治、农业局副局长仇维琪，组员就是我和县果树站的刘明。那时候莱西已经是"全国平原绿化先进县"了，朴木、店埠、孙受等沿大沽河那些有利于速生树种和果树生长的地方，是全县林果业发展的重点。我们骑着自行车带着行李卷先到了朴木乡，这个乡的西部沿大沽河的林带林网发展得非常好，东面则是涝洼黑土地，土质黏，通透性差。

在乡干部的配合下我们到了一些典型村庄看现场、走访当事人，召开座谈会，接触的面比较广泛，了解的情况也比较多。到李仙庄调查的时候，党支部书记李士友很高兴地向我们介绍他们果园的面积和产量。我们看到了他拿出来的苹果，不仅与同样品种相比果形小，而且外表有许多水锈。掰开尝尝，甜度不高还带点涩。看了他们的果园，土质是黑黏土，干枯了的杂草遍地，果枝疯长，明显管理粗放。

当时，懂果树栽培技术的仇维琪和刘明说："这种土质是不宜种植苹果的。"

在朴木调查结束之后，我们得出了两点结论：一是凡村党支部书记公道正派有能力，领导班子坚强有力的村庄林果业发展就好，反之就不好；二是发展林果业要区别情况，因地制宜，不能一味下指标，派任务。这两点结论都写进了我们的调查报告。

朴木的调研工作结束之后已经临近春节，我们紧赶慢赶又到了马连庄乡。马连庄乡地处北部丘陵，适宜于果树生长。人们说，这里的苹果品质与栖霞苹果比一点也不差。我们认真调查了朱塜、格达、顾家、军寨、河崖、下洼子等几个村庄，这些村庄栽植的苹果、大梨、葡萄等不仅面积大，管理水平高，收入也很可观。在了解情况、研究特点、总结出几条经验之后就结束了马连庄乡的调研。过了春节，大约是元宵节之后，我们又原班人马到了南岚乡，总结出了沟壑堤堰"留苗养树"的经验便结束了这次调研，工作组成员各自回到了自己的单位。

任何成熟、成套的经验都是从实践中一步步总结和完善起来的，企图一蹴而就甚至关在家里拍脑袋是不可能完成的。如果说"莱西经验"是在"莱西会议"之后一步步深化发展的，"莱西经验"在形成之前就是一步步完善和提高的。实际上，那些年我们做的所有调查研究都是在不断地总结经验、寻找路子、推动发展，都是用实际成果来一点一滴地证实着经验的有效和成熟。

作为秘书"参谋、助手、协调、服务"的职业责任，我们必须掌握全县大量的情况和相关方面的知识。而要更多地掌握情况和学习知识的主要途径是调查研究和请教行家。其中最主要的方法就是随同领导进行调研和自己深入基层或与秘书一起调研两种。

随同领导调研是在领导到基层调研的时候随听随记，把所听所记的情况具体运用到实际的文字写作之中；而只要领导没有安排其他工作，有了可以自己支配的时间，就自己或同秘书一起到乡镇、企业等地进行调研，随时掌握新近发生的情况，以赢得工作——主要是文稿写作——的主动权。有时候，还安排一些专题调查，譬如需要重点上报的情况或典型材料，一些会议需要的交流发言稿等，都要安排专门时间和人员甚至组成班子进行专题调查，写出文稿。"莱西会议"议程中安排参观的李家疃、辛庄、西张格庄、赵家庄、牛溪埠、前沙等村庄，都曾列入汇报材料在县里的相关会议上做过一次或多次交流发言的。掌握情况另外的渠道还有列席县委常委会、县政府常务会、县长办公会和参加其他一些会议听取相关方面汇报，把情况随时记入自己的笔记本。另外就是阅读基层报上来的材料，里面大都包含着许多工作情况和经验。那些年，我用于调研和会议记录的32开100页的笔记本基本上是1个月1本，有时候1本还不够。每年写成的文字材料大都在百万字以上。在"莱西经验"形成时期，这些情况大都与"三配套"的体系紧密联系在一起。

在那些年里，我和政府办公室的文字秘书们一直都是用满是事实的文字材料诠释着"莱西经验"的形成过程。不是抽象，不是教条，而是满本的真实。每年，全县召开的"三干会"和相关的专题会议都有先进典型发言，而"三干会"除典型发言之外，还编发一本反映全县情况的《典型简介》，编入这个本子的材料包括物质文明和精神文明在内各行各业的各种事迹。平时，政府办公室还用《工作情况》《政务信息》两份简报编发基层工作经验和工作动态。这些典型、经验和动态来自某个基层又转发到广大的基层中去，在基层工作中发挥了积极启发引导作用，助推着"莱西经验"的完善和提高。

我们一直坚定地认为，所有的工作都是基层做的，所有的成果都是人民群众创造出来的，我们不过就是作了文字上的表述。人民创造历史的唯物史观是永恒的，是亘古不变的。

1990年为迎接"莱西会议"召开，政府办公室秘书人员的工作在很大程度上都用在了处理与会议相关的材料上。5月17日，县委常委会专门研究布置了准备会议需要的各种文字材料的工作分工。张成堂书记要求5月底前必须把所有发言材料和20个村庄的典型介绍拿出来。我是分管文字的副主任，自然要具体负责。

其间，我和秘书人员没日没夜地起草、没日没夜地修改誊清和完成打印。那时候打印用的是铅字打印机，打字员要整日整夜坐在打字机前打。打完了校对蜡纸，再用油印机一张一张印出来。会议材料一份要印350~400份，而一张蜡纸印一二百份就皱得不能再印，就得重打一张再印，这样的劳动是很辛苦的。尽管如此，所有的文字材料都能够保质保量地如期完成。

政府办公室的另一项任务就是随时按照全国会议秘书处的安排编写打印会上用的材料。会议之前，中央政研室郑科扬副主任专门看望了我们。8月3日，会议副秘书长、中组部组织局副局长张天祥，材料组副组长、中组部组织局副处长康能成在宾馆4号楼召开会议就材料工作提出了要求，布置了任务。整个会议期间，政府办公室的秘书直接在会议秘书处的领导下善始善终地做着各项工作。

我们在与中央和省、市领导同志的接触中，不仅学到了高层级文件处理的程序和规则，也学到了上级领导同志的工作热情和优良作风，这是不可多得的宝贵经历。

会议结束之后，我们又参与了会议秘书处的一些善后工作，直到各级、各地领导完全离开莱西。

2022年11月3日

我写《莱西经验之歌》

——诗余琐话

创作完《莱西经验之歌》，忠实地记下了"莱西经验"和"莱西会议"情况，稍稍轻松了一点。静下心来，我想了想写作过程中的一些往事，权作"诗余"之谈——

一、关于文化的一次谈话

2022年7月9日，市委办公室的同志告诉我，说市委周科书记下午跟我谈谈与月湖公园升级改造有关的事。

我同周书记虽是第一次见面却如同故人。周书记对我说："这次月湖公园升级改造，在征求桂占山老书记意见时，他说公园文化的事可听听你的意见。"

1995年春天，我写了《月湖园记》，镌刻在公园揽月楼迎面的照壁上，得到了桂书记的充分认可，被人戏说为"桂书记建月湖公园，宫泉激写月湖公园。"周书记说的除了老领导厚爱的原因外，可能也与此有关。

由公园升级改造的话题谈到莱西全市的文化建设。周书记听我说了近几年对提升莱西文化层次的一些思考，自然也包含着月湖公园的这次升级改造。我说自己觉得在退休之后虽然没有了职务的责任，还有社会的责任、做人的责任、传述经历和记录历史的责任，等等；我负责的市诗词楹联学会十多年来一直在为打造莱西传统文化高地而不懈努力。在长期观察思考中我感觉到，一个地方要出名必须具备三个方面的条件，至少要有其中之一：一是要有名人，这个我们有；二是要有名产（包括名胜等），其他方面我们市不能说特别显著，而"莱西经验"和"莱西会议"却全国闻名；三是要有名文章。我对此举了《滕王阁序》《岳阳楼记》《醉翁亭记》的例子。我说一个地方最终能留下来的只有文化，而文化繁荣的重要前提是领导的重视和支持。

我之所以说了这么多，是因为感觉到了周书记的信任。但我还是表达了自己的歉意。

周书记认可我的观点，他对我讲了关于莱西文化发展的一些意见，提出在新形势下继续贯彻"二为"方向、"双百"方针和"两创"思想及对文学创作的要求，对相关事项作了指示，确定建造莱西诗词碑林和把我的《家园》《初心千里》由融媒体中心发电子稿等事项。我接受了关于做好月湖公园提升改造中的文化工作及相关方面的任务，感觉身上的担子沉重起来——人有时候往往不是怕不被信任，反而是怕被信任，因为信任就意味着责任大，压力大，就更要慎微慎独，还要"不用扬鞭自奋蹄"。

不知不觉中，我们已经谈了好长时间，直到周书记另有他事。我告辞出来，心里一直为周书记重视文化、重视文人和刚来不久就作出月湖公园提升改造，为人民群众建造更加优美典雅的休闲娱乐场所的决策而深深感动。

负责月湖公园提升改造工程建设的城市建设投资公司董事长苏泓源一起听取了周书记的指示。我们有共同的感受。

二、关于诗歌的一次聚会

2022年7月22日，我应邀参加了由青岛市文联、莱西市委组织部、莱西市委宣传部主办，青岛市作协、青岛春泥诗社和莱西市党史研究中心、莱西市文联承办的诗人眼中的"莱西经验"大型采风活动，相关部门的领导和50多名诗人参加了会议。莱西市委周书记、青岛市文联魏书记分别在采风活动启动仪式上致辞，青岛春泥诗社莱西分社同时揭牌成立。活动安排参观了"莱西经验"和"莱西会议"展览，听取了市委党史研究中心主任崔福佐对"莱西经验"、"莱西会议"的情况介绍和市委党校孙玉欣老师对"莱西经验"和"莱西会议"的宣讲。之后，又参观了产芝、后庄扶、牛溪埠等村庄的村容村貌、产业园区、相关的展出和活动场所等，听取了相关介绍，与村民进行了几次座谈。

几个地方分别作了"莱西经验"和"莱西会议"的情况介绍。可能是因为介绍人年轻经历少的原因，介绍的内容难免有些不那么真实。有的说自己的村是"莱西经验"的发源地；有的说"三配套"经验是在他们村几天几夜写出来的。我听了很惊讶："'莱西经验'这个庄严而神圣的创举是莱西人民的伟大创造，发源地是整个莱西，怎么能是一村一镇，一地一域？'莱西经验'是莱西各级干部多年来呕心沥血反复实践认识、不断总结完善的辛勤结晶，怎么就简化成了几个日夜的劳动？是从中央到地方各级领导关心支持的重大成果，而这些创造者、领导者、支持者里面有许多是经国济世的老革命，具有大智慧、大格局和高度政治判断力、政治领悟力、政治执行力、政治洞察力的巨擘贤哲之人，其认识问题、制定决策都是建立在对宏观的战略性和前瞻性准确把握的基础之上的。这样的戏说，如何面对时人，如何面对历史，又如何向后人解释？"

我想，出现这种情况的主要原因：一是我们这些经历过"莱西经验"形成，为"莱西会议"召开直接或间接地做过相应工作的人没有把真实情况及时全面地传播；另一个原因是个别人罔顾事实，连基本处事方式、基本办公程序都搞不明白，不负责任地胡说八道，严重混淆视听，以致以假乱真，误导舆论，造成了恶劣影响。

这，当然不能全怪年轻人！

"莱西经验"是山东、是青岛、是莱西的一颗璀璨明珠，"莱西经验"和"莱西会议"已经载入了中国共产党、中华人民共和国和中国改革开放的史册，必须矢志不渝地用真实和严正去爱护、传承和捍卫，而不是其他。

调研活动还安排参观了胶东较早的农村党支部——前保驾山村党支部旧址，让诗人们受到了深刻教育。

三、关于旧题的一次重生

参加这次调研活动，让我有了一次与年轻诗人面对面交流的机会。我看到了那些朝气蓬勃的年轻人带着浓郁现代气息的优良诗风和不可多得的优秀品质，从他们身上看到了莱西文学的未来和希望。同时，对他们三天来给予我的关心照顾和尊重一直感激不已。

我想到了我的责任。既然参加了这个活动，听了市委周书记在活动启动仪式上的致辞，清楚了他对深化拓展"莱西经验"的殷殷期待和对诗人寄予的厚望。想到一个地方文学的繁荣不仅要靠领导重视，也要靠作家的能动和文学的自觉。同时也想到了以自己的绵薄之力做点事情，为莱西文化建设出点力。我曾向周书记表示过，要以自己的人品和文品多做点文化的事。话既然说了就要做到，人是不能自食其言的。

我能做什么呢？我想起了自己在几年前曾经有过的那个创作《莱西经验之歌》的设想。当时，思路已经清晰，提纲也列出来了，自觉写作的时间和时机成熟。我知道，这不是一般的文学题材，不同于随机的创作，而是一个涉及多方面的系统工程，仅仅靠文字功夫远远不够，单凭我一个退了休的老头做不了也是做不好的。之后，这个主观想法因为受到客观条件的限制，便只好暂且搁笔。后来，我开始搜集资料，追寻历史事件和考察旧事遗存，进入中国共产党成立100周年的《初心千里》的创作，也就无暇顾及其他了。现在，诸事利生，应该让《莱西经验之歌》这个"旧题"再世了。

关于"莱西经验"，我不仅是亲历者，之前也对此有过几次认真的写作。其中有散文《我所经历的莱西会议》收入了我的散文集《家园》；《"莱西经验"，从胶东走向全国》是《初心千里》的37个篇章之一。其他方面也有不少积累。我从电脑里翻出几年前的那个提纲，根据自己已经飞跃了的思想和发展变化了的客观情况重新进行了调整梳理，作出了包括序曲、历史的基调、大地的旋律、时代的强音、新路的交响、欢庆二十大的合唱和尾声共7个部分的大纲细目。

我把准备创作《莱西经验之歌》的设想报告了周书记，随即得到了热情支持。

四、关于合作的一次对接

还是这样一个退了休的老头，一支笔，一台电脑，其他条件就不好说了。当然，需要解决的具体问题还是必须解决，必备的条件还是要有，不然就没有办法写下去。自然，条件是等不来的，依然要凭那种"有条件要上，没有条件创造条件也要上"的精神去取得。条件的创造，自然要因地制宜，因时制宜，因事制宜。我产生了由市诗词楹联学会与市委党史研究中心一起做的想法。我是诗词楹联学会会长，学会里有一批能写诗词的人可以一起做；市委党史研究中心几位领导对"莱西经验"、"莱西会议"的研究发掘和存史资政的责任心、紧迫感都很强，事情正需要人去做。我们为此进行了对接，意见很快达成一致。

经商定，市委党史研究中心负责就此事按程序汇报，争取领导支持；对相关方面的工作进行协调；联系创作需要采访的单位和个人；提供"莱西经验"、"莱西会议"的相关资料；为作者创造考察调研和采访的必要条件；负责诗稿出版等方面的相关事宜。诗词楹联学会负责组织在政治素质上、情况熟悉上、事实把握上、文学水平上与《莱西经验之歌》相适应的创作人员；按照史诗体裁的结构内容做好统筹，对篇目章节确定分工；按期完成诗稿的起草、修改、定稿工作，保证稿件的政治、艺术和历史史实等方面有充分的真实性、时代性和权威性，经得起读者的评价和历史的检验；及时将成稿提交审定，根据相关方面要求做好诗稿修订完善，直到完成出版。

这次对接，双方都比较满意，在后来的工作中相互配合得非常密切，合作也非常到位。

五、关于并不圆满的一次尝试

为加快创作进度，我从诗词楹联学会会员中确定了几名写作高手组成创作班子，其中有李国庆、王振元、张玉华、呼长波、乔云波、崔展红、谭哲胜等。我把创作提纲交给大家并作了解释，提出了具体的创作要求，经过讨论形成了统一意见。大家的创作热情都很高，各按章节领了任务。我除了完成自己负责章节的写作之外，便是在大家各自完成初稿后进行审稿。我在政府办公室工作时与秘书们起草较大篇幅的领导讲话稿和行政公文，有许多就是这样做的，很有益于效率的提高。但这一次，却没有收到预期效果。

炎热的夏天，大家都出了力，流了汗，费了心血，把完成的稿子陆续交给我。文稿虽各有千秋却都表现了较高的创作水平，如果独立成篇，便可称之为上乘之作。但进入这个诗稿的"总体"就不合辙了。我分别与作者进行了交谈，提出了进一步的修改意见。修改之后虽有改进，却与总体"合不拢，交不融"。

我想到了"文学独立性"的特点。似乎，文学创作与公文写作难以简单类比，尽管同属于写实的史诗体裁也不能例外。既不能用文学创作的方法写公文，也不能以公文写作的方法搞创作，硬是不加区别人为地拉在一起，是不明智也是行不通的。由此我想起我读过的《浮生六记》，前四记和后两记在风格上相去甚远，内容似乎也有些"风马牛"；一部写抗日根据地的报告文学，前后两部分写得判若天壤，根本就不像一部完整的作品。显然，这两部作品前后的作者不可能是一个人。

我由此想到了魏文帝曹丕《典论·论文》里的话："盖文章，经国之大业，不朽之盛事。"想到了文学是庄严而神圣的事业，任何的偷工和取巧都是要不得的。创作《莱西经验之歌》，我能因为图省力省事而有违前人"典论"去重蹈那种创作缺憾的覆辙吗？这从来都不是我的处事风格。

每个人有每个人的人生经历，每个人有每个人的学识积累程度、理论修养水平和历史认知能力，差别是不言而喻的。企图用一个人的观念去要求另一个人是不可能融会贯通的。作品的思路是我出的，提纲是我作的，写作风格也是按我的律动融会确立的，奢望输入别人脑袋去溶解消化是不现实的。我从大家的稿子里吸收了有益的事例和线索，最终还是回到了由自己从头做起的途径。

因为是史诗，就必须尊崇"史记"的原则。在夜以继日的创作中，我坚定地坚持"照实写"，力求没有一点虚假。属于历史的，严格按照各级、各方面相关史志的记载；属于自己经历的，上穷碧落般地搜索记忆，不甚清楚的随即咨询与我同时代有同样经历的当事人，都模糊得宁可舍弃不写也绝不模棱两可，打"马虎眼"是不允许的，道听途说是不负责任的，弄虚作假是不道德的；对于退休之后的社情世事，除了平日里耳闻目睹了解观察的之外，就是通过采访当事人和当事单位以及对各级、各新闻媒体发布的文稿进行阅读和搜索获取。其间，求真证伪、择实信确的功夫当然必须下得到位。

与此同时，我的写作得到了许许多多的帮助。市委党史研究中心从各方面的协助自不必说，诗词楹联学会的一应事务大都交给了副会长程绍亭、李国庆和秘书长王振远等去打理操劳。我的一些熟人和朋友热情地提供我不了解、不清晰的历史和现实的事实。如当年直接参与"莱西经验"创成的我的老领导、老县长丁瑞云，县人武部老政委刘荣、部长赵本绩，李家疃村原党支部书记李高芝，我的老朋友赵秀连、王吉文，市体育中心副主任王建波和市融媒体中心记者张所海等都从各方面给予了倾心帮助。那些日子，电话、微信总是络绎不绝。

《莱西经验之歌》初稿完成之后，市委周书记随即作出批示；市委常委、宣传部部长徐兆华主持召开了有关方面人员参加的研讨会，使我有机会听取更多的意见，诗稿中存在的"不准确"也及时得到纠正，这对于历来追求写作严谨的我来说是难能可贵的。同时，原来的创作组成员一起对诗稿进行了认真讨论，从不同角度提出了进一步的意见和建议。

在整个《莱西经验之歌》的写作过程中，我的脑海一直兼容着对月湖公园升级改造的文化思考。

后记

"这事你们做得好，做得及时哦，记下了那段历史的真实。现在我们这些经过的人还在，将来都没有了，也就没有人见证了。"这是我同市委党史研究中心主任崔福佐等去请"莱西经验"的主要创造者、"莱西会议"参与者之一、时任中共莱西县委书记的张成堂为《莱西经验之歌》写序言的时候，他说的这番意味深长的话。

同为"莱西经验"创造者、"莱西会议"参与者，时任莱西县政府县长（后为书记）的丁瑞云把《莱西经验之歌》称为"一部饱含真情的力作"。

张书记、丁书记都是我的老领导，如今许多年过去了，他们对我的印象依然很深。丁书记在序言里说："我和诗歌作者宫泉激同志是相识40余年的同事和朋友，同是1950年出生，属虎，一起生于斯长于斯的莱西人。""我在政府任职时他就是主管文字工作的副主任，许多重要文稿都是由他拟写、审定的。"

非常感谢二位老领导对《莱西经验之歌》的肯定，并认真为本书写了序言。他们那热情亲切和健康矍铄的神态，那实事求是、一丝不苟的精神让我感动，让我铭记在心，难以忘怀——有德高望重的老领导，真好。

有关本书写作过程中的一些事情，我在《诗余琐话》里已经说过，并表达了谢意，在此不再赘述。感谢出版社编辑同志对书稿进行的认真审阅和严格把关；感谢我的老朋友于锡平、王琪给予的倾心帮助；感谢相关领导和亲友给予的无私支援；感谢我的家人为此付出的心血。

书中存在的讹误和不足之处，敬请读者诸君批评指正，在此表示由衷的谢忱。

宫泉激

2023年5月9日

主要参考文献

［1］烟台地区行政公署出版办公室：《胶东风云录》，山东人民出版社，1981。

［2］莱西县志编纂委员会：《莱西县志》，山东人民出版社，1989。

［3］烟台警备区军事志编纂委员会：《胶东军事志》，军事科学出版社，1990。

［4］中共青岛市委党史资料征集委员会办公室：《中共青岛党史大事记（1921-1949）》，中共党史资料出版社，1990。

［5］中共山东省委党史研究室：《山东的土地改革》，山东人民出版社，1993。

［6］中共莱西市委组织部，中共莱西市委党史研究室：《中共莱西地方史（第一卷）》，青岛出版社，2000。

［7］《沽水天佑》编纂委员会：《沽水天佑》，泰山出版社，2002。

［8］中共烟台市委党史研究室，烟台市档案局：《中共烟台历史大事记第一、二卷（1919~1949，1949~1978）》，中共党史出版社，2003。

［9］中共烟台市委党史研究室：《中共烟台地方史（第一卷）》，中共党史出版社，2003。

［10］张代文主编：《双山张氏六百年》，燕山出版社，2008。

［11］中共莱西市委组织部，中共莱西市委党史研究室：《中共莱西地方史（第二卷）》，中共党史出版社，2012。

［12］江明辉主编：《组织的力量》，中共中央党校出版社，2021。

［13］莱西市水利志编纂委员会：《莱西县水利志》，1996。

［14］莱西市军事志编纂委员会：《莱西市军事志》，2012。

［15］赵希胜：《"莱西会议"回顾及新时代深化拓展"莱西经验"的建议》，http://www.laixi.gov.cn/xwzx-16/xyw-16/202211/t 20221130-6526949.shtml。

［16］其他。